AF586414

ABRÉGÉ

DE GÉOGRAPHIE

PHYSIQUE ET POLITIQUE

PREMIÈRE PARTIE

ATLAS DE GÉOGRAPHIE

DRESSÉS SOUS LA DIRECTION

DE M. E. CORTAMBERT

ET RÉPONDANT A L'ABRÉGÉ DE GÉOGRAPHIE PHYSIQUE ET POLITIQUE DU MÊME AUTEUR

CLASSE DE TROISIÈME.

Petit atlas de géographie moderne, composé de 12 cartes, nouvelle édition, gravée sur acier, grand in-8; prix, cartonné, 2 fr. 50 c.

CLASSE DE SECONDE.

Nouvel atlas de géographie moderne, contenant 40 cartes, 1 volume grand in-4; prix, cartonné, 7 fr. 50 c.

CLASSE DE RHÉTORIQUE.

Petit atlas de géographie moderne, augmenté d'une carte géologique de la France et d'une carte de la France divisée en bassins hydrographiques avec la distribution des espèces animales, végétales et minérales. 1 volume grand in-8; prix, cartonné, 3 fr.

Imprimerie de Ch. Lahure (ancienne maison Crapelet)
rue de Vaugirard, 9, près de l'Odéon.

ABRÉGÉ

DE GÉOGRAPHIE

PHYSIQUE ET POLITIQUE

RÉDIGÉ

conformément aux derniers programmes de l'enseignement dans les lycées
et à ceux des baccalauréats ès lettres et ès sciences

PAR E. CORTAMBERT

PREMIÈRE PARTIE

OBJET DU COURS — GRANDES DIVISIONS DU GLOBE

(COURS DE TROISIÈME)

TROISIÈME ÉDITION
revue et augmentée

PARIS
LIBRAIRIE DE L. HACHETTE ET Cie
RUE PIERRE-SARRAZIN, N° 14
(Près de l'École de Médecine)

1854

ABRÉGÉ DE GÉOGRAPHIE PHYSIQUE ET POLITIQUE.

OBJET DU COURS. — GRANDES DIVISIONS DU GLOBE.

CHAPITRE PREMIER.

NOTIONS PRÉLIMINAIRES. — DISTRIBUTION GÉNÉRALE DES TERRES ET DES EAUX.

Objet et utilité du cours. — La géographie a pour objet la description de la Terre, c'est-à-dire de la demeure et de la propriété commune de l'humanité ; or, il nous importe éminemment de bien connaître notre demeure, de savoir d'où viennent les productions propres aux usages des hommes, par quelles voies on peut les faire parvenir jusqu'à nous, comment nous pouvons à notre tour les faire passer chez les autres peuples ; quels sont enfin les rapports que nos besoins nous forcent d'établir avec les divers habitants de la Terre. — La géographie est encore un guide indispensable pour l'histoire, la politique, la diplomatie et la guerre.

Cette noble étude est, en outre, comme une espèce de voyage agréable sur tout le globe ; elle offre le panorama pittoresque et curieux de la surface terrestre, elle nous en fait passer sous les yeux les aspects si variés, les accidents naturels si nombreux, et nous montre en même temps les monuments ingénieux des hommes, les physionomies et les mœurs des nations; enfin, en nous faisant connaître et admirer les beautés de la nature, les précieuses richesses que Dieu a prodiguées de toutes parts, elle nous apprend à admirer et à aimer davantage le créateur de tant de choses.

En résumé, la géographie a trois grandes propriétés, qui lui assignent un des premiers rangs dans les connaissances humaines : ces propriétés sont d'*être utile*, par son côté commercial, industriel, historique et politique; d'*être agréable*, comme une espèce de voyage ou de panorama général; enfin d'*être morale* et *religieuse*, par les sentiments qu'elle nous inspire pour Dieu.

Ce qu'on entend par géographie physique et par géographie politique. — On peut diviser la géographie en deux branches principales : la *géographie physique* et la *géographie politique*.

La première décrit tout ce que la *nature* a produit sur la Terre, c'est-à-dire les divisions naturelles de la surface du globe, la configuration et la composition du sol, les eaux, les productions, le climat.

La géographie politique embrasse les divisions que les *hommes* ont établies, les habitations qu'ils ont fondées, les relations que les divers peuples ont entre eux, leur commerce, leur industrie, leur condition civile et religieuse. A la géographie politique se rattache la *géographie historique*, qui expose les changements d'étendue et de noms qu'ont éprouvés dans le cours des siècles les diverses contrées et les habitations des hommes.

La géographie physique, ayant pour objet les grandes distributions naturelles du globe, forme la base de toutes les descriptions géographiques. Soit qu'on examine la Terre en général, soit qu'on s'occupe d'une contrée en particulier, c'est toujours par les grands traits de la nature qu'il en faut commencer l'étude. Quand on connaît bien la charpente des diverses régions, quand on y embrasse bien d'un coup d'œil l'enchaînement des hauteurs, le cours des eaux, la constitution du sol, le climat, on y classe plus facilement et avec plus de fruit les États, les provinces, les villes, en les rapportant aux différentes divisions physiques, et l'on apprécie mieux les causes des variations de limites des empires, les grandes migrations des peuples et les innombrables événements que raconte l'histoire.

Nomenclature géographique; définition des principaux termes cosmographiques en usage dans la géographie. — Nous dirons plus loin les termes particuliers à la géographie physique; nous définirons ici quelques termes que la géographie partage avec la cosmographie, et qu'il importe avant tout de connaître pour l'intelligence des explications qui vont suivre.

Comme la Terre est ronde, sa circonférence ainsi que celle de tous les corps sphériques, est divisée en 360 *degrés;* le degré comprend 60 *minutes* et la minute 60 *secondes*[1].

Elle tourne sur elle-même dans l'espace de vingt-quatre heures. On appelle *axe* la ligne imaginaire sur laquelle se fait ce mouvement; les *pôles* sont les extrémités de cet axe; l'*équateur* est un cercle qui, placé à égale distance des deux pôles, coupe le globe en deux moitiés ou *hémisphères.*

Les *méridiens* sont des cercles perpendiculaires à l'équateur et passant tous par les pôles.

Les *parallèles* sont des cercles parallèles à l'équateur; parmi ces cercles, on remarque les *tropiques du Cancer* et *du Capricorne*, à 23 degrés et demi de l'équateur, et les *cercles polaires arctique* et *antarctique*, à 23 degrés et demi des pôles.

L'*horizon* est un cercle dont la circonférence est la limite naturelle de notre vue autour de nous.

Il y a sur l'horizon quatre *points cardinaux :* 1° le *nord*

1. On désigne les degrés par ce signe °, les minutes par celui-ci ′, et les secondes ainsi ″.

ou *septentrion*, qui est aussi appelé côté *boréal*; 2° le *sud* ou *midi*, qui se nomme aussi côté *austral* ou *méridional*; 3° l'*est*, *levant* ou *orient*; 4° l'*ouest*, *couchant* ou *occident*. — On compte ensuite quatre *points collatéraux:* le *nord-est*, le *nord-ouest*, le *sud-est* et le *sud-ouest*.

Il se trouve, entre les points précédents, des points *intermédiaires*, dont les huit principaux sont : le *nord-nord-est*, le *nord-nord-ouest*, l'*est-nord-est*, l'*ouest-nord-ouest*, le *sud-sud-est*, le *sud-sud-ouest*, l'*est-sud-est* et l'*ouest-sud-ouest*.

Il y a cinq *zones*, établies d'après les principales températures qui règnent sur le globe : la *zone torride*, entre les deux tropiques; les deux *zones tempérées* (*boréale* et *australe*), entre les tropiques et les cercles polaires; les *zones glaciales arctique* et *antarctique*, autour des pôles.

La *latitude* est la dimension du globe du nord au sud; elle est coupée par l'équateur en deux parties, dont chacune a 90 degrés, de l'équateur à l'un des pôles; on distingue donc une *latitude* N. et une *latitude* S. La *longitude* est la dimension du globe de l'ouest à l'est; elle est coupée par un premier méridien en deux parties, dont chacune comprend 180 degrés; on distingue une *longitude* E. et une *longitude* O. On n'est pas d'accord sur le choix du premier méridien : les Français comptent la longitude à partir de l'observatoire de Paris; les Anglais font passer leur premier méridien par l'observatoire de Greenwich, à 2° 20′ à l'O. du méridien de Paris; d'autres nations prennent le premier méridien de l'île de Fer, à 20° à l'O. de Paris.

Utilité des cartes géographiques. — Mappemonde. — Cartes. — Pour représenter la Terre on se sert de *globes artificiels*, et plus souvent encore de *cartes*, parce qu'elles peuvent décrire non-seulement la Terre dans son ensemble, mais les diverses régions jusque dans leurs moindres détails.

La carte qui représente la Terre entière est la *mappemonde* ou le *planisphère :* tantôt elle en montre séparément les deux hémisphères, parce qu'il est impossible de voir sur le papier le globe tout entier tel qu'il est naturellement; la moitié supérieure cacherait la moitié inférieure. Sur cette carte, les degrés de latitude sont marqués tout autour de chaque hémisphère, à l'extrémité des demi-parallèles, et les degrés de longitude sont indiqués sur l'équateur ou sur deux parallèles, à chaque méridien tracé.

Tantôt on ne cherche pas à rendre sur la mappemonde la rondeur de la Terre, mais on étend et l'on aplatit, en quelque sorte, la surface terrestre sur le papier où on la dessine; alors la carte est carrée, et l'on n'a pas besoin de faire deux hémisphères séparés. Les degrés de latitude sont ici marqués à droite et à gauche de la carte, à l'extrémité des lignes qui représentent les parallèles. Les degrés de longitude sont placés en haut et en bas, à l'extrémité des lignes qui représentent les méridiens.

Les autres cartes sont appelées *générales*, si elles offrent une grande contrée dans son ensemble, et *particulières*, si elles décrivent seulement des parties d'une contrée principale. On appelle aussi cartes *chorographiques* les cartes destinées à décrire une région peu étendue. On nomme cartes *topographiques* celles qui présentent des détails très-multipliés, et jusqu'aux moindres lieux. Les cartes *hydrographiques* sont celles qui ont pour but principal de faire connaître les eaux et de guider le navigateur. On nomme spécialement *cartes marines* celles qui n'ont pour objet que la description des mers. Dans toutes ces cartes, il faut toujours aller chercher les degrés de latitude aux marges de l'est et de l'ouest, et les degrés de longitude aux marges du nord et du sud.

Échelles. — Valeur des principales mesures itinéraires. — Une *échelle* est une petite mesure dessinée sur les cartes à côté des pays représentés, et qui fait voir dans quel rapport le dessin se trouve avec la contrée véritable; on indique ce rapport en disant que l'échelle est à $\frac{1}{100000}$, à $\frac{1}{200000}$, à $\frac{1}{300000}$, etc., c'est-à-dire que l'espace sur le papier est 100 000 fois, 200 000 fois, 300 000 fois plus petit que l'espace naturel dont il est l'image. Au moyen de l'échelle, on peut évaluer sur la carte la distance des lieux et l'étendue des pays. Si la carte n'avait pas été munie d'une échelle par l'auteur, on pourrait facilement y en construire une, en prenant l'étendue d'un ou de plusieurs degrés d'un grand cercle, c'est-à-dire d'un de ces cercles qui, tels que le méridien ou l'équateur, embrassent la circonférence entière de la Terre et ont 40 000 kilomètres ou 9000 lieues de circuit. On reporterait la valeur de ce degré ou de ces degrés, en mesures itinéraires quelconques, sur la ligne destinée à devenir l'échelle.

Nous avons dit que la Terre a 40 000 kilomètres, c'est-à-dire 4000 myriamètres de tour; en effet, il y a 10 000 000 de mètres, c'est-à-dire 10 000 kilomètres ou 1000 myriamètres, dans le quart du méridien terrestre. On trouve donc que, dans un degré de grand cercle, il entre $111^{\text{kilom.}}$,111, ou $11^{\text{myr.}}$,111. Comme, d'un autre côté, la Terre a 9000 lieues communes de tour, il y a 25 lieues dans un degré. La lieue égale ainsi $4^{\text{kilom.}}$,444, ou $0^{\text{myr.}}$,4444.

La lieue de poste ancienne de 2000 toises est de 28,14 au degré et vaut $3^{\text{kilom.}}$,898; la lieue de poste nouvelle est de 27,78 au degré et vaut 4 kilomètres.

Le mille marin ou géographique, de 60 au degré.	= $1^{\text{kilom.}}$	,814[1]
Le mille ordinaire ou géographique d'Allemagne, de 15 au degré.	= 7	408
Le mille légal anglais, de 69,12 au degré	= 1	609
Le mille métrique de Belgique, de 111,11 au degré.	= 1	
Le mille de Danemark, de 14,77 au degré.	= 7	532
La lieue nouvelle d'Espagne, de 16,66 au degré.	= 6	673

1. Pour évaluer toutes ces mesures en myriamètres, il suffit de reculer la virgule d'un rang vers la gauche. Ainsi, au lieu de 1 kilom., 814, on aurait 0 myr., 1814; au lieu de 7 kilom., 408, on aurait, 0 myr., 7408, etc.

La lieue horaire d'Espagne, de 20 au degré = 5kilom.,562
La lieue de Portugal, de 18 au degré... = 6 180
Le mille de Hollande, de 15 au degré.. = 7 408
Le mille de Suède, de 10,4 au degré... = 10 697
Le mille de Suisse, de 13,28 au degré. = 8 369
La verste de Russie, de 104,25 au degré = 1 067
La lieue de Pologne, de 20 au degré.... = 5 562
Le mille d'Italie, de 60 au degré....... = 1 854
Le berri de Turquie, de 66,66 au degré. = 1 669
Le li de la Chine, de 192, 4 au degré... = 0 578
Le cos de l'Hindoustan, de 42,75 au degré = 2 602

Parmi les principales mesures dont les anciens se servaient, on peut distinguer le stade grec olympique, valant 185 mètres, et le mille romain, de 75 au degré = 1kilom.,481.

Division de la surface du globe en terres et en eaux. — La surface du globe se compose de 510 051 000 kilomètres carrés, et se divise en deux grandes sortes de matières : les *terres* et les *eaux*. Les terres, placées en majeure partie au nord de l'équateur, n'occupent qu'environ $\frac{1}{3}$ de cette surface, ou plus exactement 134 651 000 kilomètres carrés, tandis que les mers occupent 375 400 000 kilomètres carrés.

Continents, forme générale de leur contour, parties du monde, définitions géographiques. — Les plus grandes masses de terre sont les *continents :* il y en a trois : 1° l'*ancien continent*, comprenant l'*Europe*, l'*Asie* et l'*Afrique;* 2° le *nouveau continent* ou l'*Amérique;* 3° l'*Australie* ou *Nouvelle-Hollande*, biens moins considérable que les deux autres continents et comprise dans une cinquième partie du monde, nommée *Océanie*. Ces trois continents sont enveloppés par la mer, dont la plus grande masse s'appelle *océan* et se divise en cinq parties : 1° l'*océan Atlantique*, à l'ouest de l'ancien continent et à l'est du nouveau; 2° le *Grand océan* ou *océan Pacifique*, à l'est de l'ancien continent et de l'Australie, et à l'ouest du nouveau continent; 3° l'*océan Indien*, au sud-est de l'ancien continent et à l'ouest de l'Australie; 4° l'*océan Glacial arctique*, qui s'étend au nord de l'ancien et du nouveau continent; 5° l'*océan Glacial antarctique*, dans la zone glaciale du sud.

L'ancien et le nouveau continent ont entre eux des rapports de forme très-remarquables : chacun présente deux grandes masses qui sont réunies par un étroit espace, resserré entre deux enfoncements de la mer; dans chacun, la masse septentrionale est plus considérable et beaucoup plus irrégulière que la masse méridionale; enfin les parties australes de ces continents ont une grande ressemblance, et s'avancent également au sud en longues pointes pyramidales. La longueur de l'ancien continent, qui est le plus étendu, est dirigée du nord-est au sud-ouest; celle du nouveau, du nord-nord-ouest au sud-sud-est.

On appelle *contrée*, *région* ou *pays* une certaine étendue de terre présentant les mêmes caractères physiques, ou habitée par des hommes qui ont les mêmes lois, les mêmes usages, la même langue.

Les *îles* sont des espaces de terre entourés d'eau de toutes parts et bien moins grands que les continents. Les îles rapprochées les unes des autres composent des *groupes* et des *archipels*. On donne le nom d'*îlots* aux îles les plus petites. Des rochers qui s'élèvent au-dessus de l'eau, ou qui sont peu au-dessous de sa surface, forment des *écueils*, des *récifs*, des *brisants*. Beaucoup d'îles, surtout dans l'Océanie, sont formées de madrépores ou de coraux amoncelés en masses circulaires, au milieu desquelles se trouve ordinairement un amas d'eau : on les nomme îles à *lagons*. Certains groupes présentent une île principale au milieu, et tout autour une rangée de coraux et d'îlots madréporiques : ils s'appellent *atollons*, d'après le nom qu'ils portent aux Maldives, dans le sud de l'Asie.

Des espaces bas et sablonneux, fréquemment recouverts par les eaux, se nomment *bancs de sable*.

Les *presqu'îles* ou *péninsules*, anciennement *cherso-*

nèses, sont des portions de terre entourées d'eau presque de tous côtés.

L'*isthme* est un espace étroit qui unit entre elles deux portions de terre.

Les *côtes* sont les bords des continents et des îles ; elles présentent souvent de petits avancements, qui portent le nom de *promontoires*, de *caps* et de *pointes*. Les côtes escarpées sont des *falaises ;* les côtes qui descendent en mourant auprès de l'eau sont des *plages*, des *grèves*.

Situation et forme générale des parties du monde. — L'Europe, qui occupe le nord-ouest de l'ancien monde, est la plus petite de ces parties, mais la plus importante par sa civilisation. Les côtes en sont extrêmement découpées : on y voit beaucoup de presqu'iles, dont les principales sont la *Scandinavie*, au nord, la *péninsule Hispanique*, au sud-ouest, et l'*Italie*, au sud.

Plusieurs grandes îles dépendent de l'Europe : au nord-est, on voit la *Nouvelle-Zemble*, qu'on rattache quelquefois à l'Asie ; au nord-ouest, la *Grande-Bretagne* et l'*Irlande ;* au sud, la *Corse*, la *Sardaigne*, la *Sicile* et *Candie*.

L'Asie, qui occupe l'est de l'ancien continent, en est la plus grande partie. Elle a aussi des côtes assez irrégulières. Au nord, s'avance fort loin le cap *Septentrional*, le plus boréal de l'ancien monde ; à l'est, sont les presqu'îles de *Kamtchatka* et de *Corée ;* au sud, on voit la presqu'île de l'*Indo-Chine* (avec celle de *Malacca*) et la presqu'île de l'*Hindoustan*, appelées dans leur ensemble les *presqu'îles de l'Inde ;* au sud-ouest, est la presqu'île d'*Arabie*, et, à l'ouest, celle de l'*Asie Mineure*.

On remarque sur la côte orientale de l'Asie les grandes îles du *Japon ;* au sud, celle de *Ceylan*.

L'Afrique se trouve dans le sud-ouest de l'ancien continent, auquel elle ne tient que par l'isthme de Suez. Elle a une forme régulière et des côtes sans découpures.

Madagascar, au sud-est de l'Afrique, est la seule grande île qui en dépende.

L'Amérique est formée de deux grandes masses : l'*Amé-*

rique septentrionale et l'*Amérique méridionale*, qui sont unies par l'isthme de Panama.

L'Amérique septentrionale à des côtes très-échancrées, comme celles de l'Europe et de l'Asie, et il s'y trouve beaucoup de presqu'îles, telles que le *Labrador*, à l'est, la *Floride*, le *Yucatan*, au sud, et la *Californie*, à l'ouest. L'Amérique méridionale a une forme régulière et des côtes presque partout uniformes, comme celles de l'Afrique.

Entre les deux Amériques, est l'archipel des *Antilles*, dont les principales îles sont *Cuba* et *Haïti*. Dans le nord-est de l'Amérique septentrionale, se trouvent beaucoup d'îles, dont les plus considérables sont les terres du *Groenland*, l'*Islande*, le *Spitzberg* et *Terre-Neuve*. Il y en a beaucoup aussi dans le nord-ouest, où l'on distingue particulièrement la longue chaîne des îles *Aléoutiennes*. A l'extrémité de l'Amérique méridionale, se trouve l'archipel de la *Terre de Feu*.

L'Océanie, composée d'un grand nombre de terres disséminées dans le Grand océan, a pour région principale l'*Australie*; ses îles les plus considérables sont à l'ouest et au sud : on remarque, entre autres, *Sumatra*, *Java*, *Bornéo*, *Célèbes*, la *Nouvelle-Guinée* et la *Nouvelle-Zélande*.

Orographie sommaire; suite des définitions géographiques. — Les parties plates de la surface des terres s'appellent *plaines*. Les plaines arides et sablonneuses des régions chaudes sont des *déserts*; les *oasis* sont de petits cantons fertiles au milieu de ces solitudes. On ne trouve pas en Europe de déserts proprement dits : les terrains les plus stériles s'y nomment *landes* et *bruyères*; en Espagne, ce sont les *parameras*. On appelle *steppes* (d'un mot russe signifiant désert) les plaines désertes du sud-est de l'Europe (dans le voisinage de la mer Noire et de la mer Caspienne) et celles du nord de l'Asie; les unes sont sablonneuses et nues, les autres couvertes d'herbes épaisses. Les plaines marécageuses des parties les plus boréales de la Russie se nomment *toundras*. Dans l'Amérique septentrionale, les plaines basses et couvertes d'herbes touffues sont des *savanes;* dans le nord de l'Amérique méridionale, les *llanos* sont de vastes plaines qui changent d'aspect trois fois dans le cours de l'année, suivant les époques des pluies, de la verdure et de la sécheresse. Les *pampas*, dans le sud et le centre de la même région, sont de grandes plaines revêtues d'une pelouse uniforme.

Les hauteurs les plus considérables sont les *montagnes;* les plus petites forment les *collines*, les *monticules*, les *tertres*, les *buttes*, les *mornes;* les collines sablonneuses qui bordent fréquemment les côtes se nomment *dunes*.

Les montagnes sont généralement disposées par *chaînes;* à une chaîne principale se rattachent des *branches* et des *rameaux;* plusieurs chaînes liées entre elles, et présentant du rapport dans leur constitution, forment des *groupes;* quand leur ensemble est très-considérable, elles constituent un *système* de montagnes.

Les *plateaux* sont des espaces élevés et plats, entourés par des hauteurs; le nom de plateau s'applique aussi aux petites plaines qui couronnent certaines montagnes. Il faut distinguer les plateaux *fermés*, c'est-à-dire ceux qui sont entourés d'un rebord non interrompu de hauteurs, et les plateaux *ouverts*, qui ne sont pas entièrement enveloppés.

Les *volcans* sont des montagnes qui vomissent des pierres calcinées, des matières minérales fondues qu'on nomme *laves*, des flammes, de la fumée, divers gaz, des cendres, des sables, des graviers ou *pouzzolanes*, des fragments plus gros appelés *ponces* et *scories*, quelquefois de l'eau et de la boue. Le *cratère* est l'ouverture par laquelle sont lancés les corps que projette l'éruption volcanique. Les volcans sont comme les cheminées par où s'échappent les gaz du foyer ardent qui existe très-vraisemblablement dans l'intérieur de la Terre. Les hauteurs volcaniques qui n'exhalent que des gaz se nomment *solfatares*.

Les *tremblements de terre* sont des phénomènes dus aussi aux gaz intérieurs qui cherchent une issue et qui brisent violemment le sol pour se créer un passage.

On nomme *cime* ou *sommet* le plus haut point d'une montagne : tantôt les cimes sont élancées et forment des *aiguilles*, des *dents* et des *cornes ;* tantôt elles sont coniques et prennent alors le nom de *pics*, de *puys* et de *pitons*. On donne le nom de *tours* ou de *cylindres* aux sommets taillés à pic qui ressemblent de loin à d'anciennes fortifications.

Les deux grandes faces d'une chaîne de montagnes s'appellent *flancs*, *pentes*, *revers* ou *versants ;* la partie la plus haute de la chaîne est le *faîte*, la *crête* ou l'*arête*. Les passages étroits dans les montagnes sont appelés *défilés*, *cols*, *pas* ou *gorges*, quelquefois *portes*, *pyles* ou *ports ;* un défilé peut aussi être resserré entre une montagne et une masse d'eau. La ligne de partage des eaux est cette partie de la chaîne qui sépare les eaux entraînées sur des revers opposés et dirigées vers des récipients différents. Les *vallées* et les *vallons* sont des espaces allongés qui se trouvent renfermés entre deux montagnes ou deux chaînes de montagnes. L'*entrée* de la vallée en est l'extrémité la plus basse, celle qui s'ouvre dans la plaine voisine ou dans une vallée plus grande ; la *tête* est l'extrémité opposée et la plus haute de la vallée. Les vallées *longitudinales* sont celles qui s'étendent à peu près parallèlement à une chaîne principale sur laquelle leur tête est appuyée. Les vallées *transversales* se dirigent perpendiculairement à la chaîne d'où elles descendent.

Les plateaux et les chaînes de montagnes, au lieu d'avoir des pentes continues, présentent souvent des *gradins* réguliers, qui forment des *terrasses* successives. Les montagnes les plus élevées et le haut des vallées voisines sont souvent couverts de neiges et de glaces perpétuelles, dont les amas sont appelés *glaciers*.

Les *grottes* ou *cavernes* sont des cavités souterraines qui ont été formées, les unes par l'action des gaz sortis du sein de la Terre, les autres par l'action de l'eau. Les masses calcaires qu'y déposent les eaux s'appellent *stalactites* quand elles pendent de la voûte, et *stalagmites* si elles s'appuient sur le sol.

L'*orographie*, ou la description des montagnes, est une des parties les plus importantes de la géographie physique; on suit avec intérêt sur la Terre la distribution de ces chaînes auxquelles la civilisation et la destinée des peuples sont intimement liées. Les montagnes sont d'ailleurs les parties du globe les plus riches en aspects variés et pittoresques : leurs formes innombrables, leurs minéraux curieux, le mélange de leurs forêts, de leurs glaciers resplendissants, de leurs neiges, de leurs précipices et de leurs fraîches vallées, offrent des sujets inépuisables d'intérêt.

On peut les examiner sous deux points de vue : celui du partage des eaux, et celui de la direction et de la constitution géologique.

Considérons d'abord le partage des eaux. Chacun des deux grands continents est partagé en deux pentes principales ou deux *versants*. En effet, l'ancien continent verse ses eaux, d'un côté, au nord-ouest, dans l'océan Glacial arctique et l'océan Atlantique, ou dans les mers qu'ils forment; de l'autre, au sud-est, dans l'océan Pacifique et dans l'océan Indien, ou leurs enfoncements.

Les deux versants sont séparés l'un de l'autre par une immense chaîne de montagnes, qui commence au cap Oriental, à l'extrémité nord-est de l'Asie, et finit au cap de Bonne-Espérance, à l'extrémité méridionale de l'Afrique.

Cette chaîne porte beaucoup de noms différents : elle s'appelle monts *Stanovoï* ou *Iablonoï*, dans le nord-est de l'Asie. Elle se divise, au centre de cette partie du monde, en deux grandes branches qui se rejoignent ensuite, et qui entourent un vaste plateau : elle prend, au nord de ce plateau, le nom d'*Altaï;* à l'ouest, ceux de monts *Célestes* et de monts *Bolor;* au sud, celui de montagnes *Bleues*. Plus loin, elle traverse l'occident de l'Asie, et s'appelle successivement *Caucase indien*, *Elbrouz*, *Taurus* et *Anti-Liban*.

Elle passe par l'isthme de Suez, qui joint l'Asie à l'Afrique, et elle parcourt le nord-est de celle-ci, d'abord sous le nom de chaîne *Arabique*, ensuite en prenant les montagnes de l'*Abyssinie*. Elle est à peu près inconnue au milieu de l'Afrique, où elle suit probablement les monts *Kénia* et le *Kilimandjaro* (qui sont peut-être les montagnes désignées par les anciens géographes sous le nom de montagnes de la *Lune*). Enfin elle arrive dans le sud de cette région, où elle offre les monts *Maloutis*, *Sneeuwberg* et *Nieuwveld*.

Le nouveau continent est divisé en versant oriental et versant occidental; le premier est incliné vers l'océan Atlantique et l'océan Glacial arctique, et le second vers l'océan Pacifique. Ils sont séparés l'un de l'autre par une longue chaîne, qui commence au cap Occidental, en face du cap Oriental de l'Asie, et qui finit au cap Froward, à l'extrémité méridionale de l'Amérique. Cette chaîne porte, dans le nord du continent, le nom de monts *Rocheux;* vers le milieu, elle forme les montagnes du *Mexique* et du *Guatemala;* elle passe par l'isthme de Panama, et présente, dans l'Amérique méridionale, la haute *Cordillère des Andes*.

Ces deux chaînes sont en quelque sorte la continuation l'une de l'autre; car elles ne sont séparées que par le détroit de Bering, entre les caps Oriental et Occidental. On voit donc, pour ainsi dire, une seule et immense suite de hauteurs s'étendre depuis le cap de Bonne-Espérance jusqu'au cap Froward et presque jusqu'au cap Horn, extrémité de la Terre de Feu : c'est comme l'épine dorsale du monde entier, et plusieurs chaînes du second ordre s'y rattachent, comme des côtes et des membres.

Parmi ces chaînes secondaires, il faut en distinguer quatre fort remarquables dans l'ancien continent.

L'une se détache au nord-ouest, et va parcourir toute l'Europe jusqu'au détroit de Gibraltar. Elle prend, sur la frontière de l'Europe et de l'Asie, le nom de monts *Ourals;* au centre de l'Europe, elle renferme une partie des monts *Carpathes* et des *Alpes;* au sud-ouest, on y voit les *Pyrénées*.

La seconde se sépare de la chaîne principale vers le

milieu de l'Afrique, et va au nord-ouest aboutir aussi au détroit de Gibraltar : elle porte le nom de mont *Atlas* dans une grande partie de son étendue.

On voit que ces deux chaînes se touchent presque vers leurs extrémités : elles enveloppent comme deux grands bras, au nord et au sud, le bassin de la Méditerranée.

La troisième chaîne secondaire se détache du sud-est du plateau central de l'Asie, se dirige vers la presqu'île de Malacca, se montre dans la longue chaîne des *îles de la Sonde* (dans l'Océanie), et parcourt l'orient de la Nouvelle-Hollande, sous le nom de montagnes de *Liverpool* et de montagnes *Bleues* ou d'*Alpes australiennes*. Elle sépare les eaux qui se jettent dans l'océan Pacifique, de celles qui tombent dans l'océan Indien.

La quatrième chaîne secondaire part du même plateau, au sud, et n'est pas très-importante pour le partage des eaux, mais renferme les plus hautes montagnes du globe : ce sont les monts *Himalaya*.

Dans le nouveau continent, il y a peu de chaînes secondaires bien remarquables ; cependant il faut en citer une dans la partie orientale de l'Amérique septentrionale : ce sont les monts *Alleghany*, qui s'étendent du nord-est au sud-ouest.

Si nous suivons maintenant la direction et la constitution des montagnes, nous voyons que les systèmes et les chaînes sont en général allongés suivant la longueur même des terres où ils se trouvent, ou comme les côtes près desquelles ils sont placés. Dans l'ancien continent, les plus considérables sont presque tous allongés de l'est à l'ouest. Dans ce cas se trouvent, en Europe, les grands systèmes des *Alpes*, des *Carpathes*, des *Pyrénées*, du *Balkan* ; — dans l'Asie, l'*Himalaya*, l'*Altaï*, les monts *Célestes*, le *Caucase indien*, le *Taurus*, les monts *Stanovoï* ; — entre l'Asie et l'Europe, le *Caucase*. Cependant les *Cévennes*, le *Jura*, les *Apennins*, la chaîne *Hellénique*, les monts *Dofrines*, en Europe ; les monts *Ourals*, entre l'Europe et l'Asie, et le *Liban*, l'*Anti-Liban*, le *Bolor*, les *Ghattes*, en Asie, se dirigent du nord au sud.

Dans la partie de l'Afrique située au nord de l'équateur, les grandes chaînes se dirigent de l'est à l'ouest : telles sont celles de l'*Atlas*, des montagnes de *Kong*; mais dans la partie au sud de l'équateur, elles se dirigent comme le continent lui-même, du nord au sud : tels sont les monts *Lupata*, *Maloutis*, *Sneeuwberg*, *Nieuwveld*, et peut-être aussi les monts *Kénia* et *Kilimandjaro*.

Dans l'Amérique, toutes les grandes chaînes vont du nord au sud : les monts *Rocheux*, la *Cordillère du Mexique*, la *Cordillère des Andes*, vers la côte occidentale, et les monts *Alleghany*, la *Serra do Espinhaço*, vers la côte orientale.

L'*altitude* est l'élévation des terres au-dessus du niveau de la mer.

Les plus hautes montagnes de la Terre sont les monts *Himalaya*, qui atteignent 8500 mètres d'altitude. Les plus élevées ensuite sont les *Andes*, hautes de 7000 mètres, puis le *Caucase indien* (6200 mètres), le *Bolor* (5800 mètres), le *Caucase* (5600 mètres).

Les plus hautes montagnes de l'Europe sont les *Alpes* (4800 mètres).

Les points culminants de l'Afrique ne sont pas exactement connus : on suppose que ce sont les monts *Kénia* et *Kilimandjaro* (qui sont couverts de neiges éternelles, quoique placés près de l'équateur), les monts *Sémen*, en Abyssinie, et le mont *Atlas*. Les plus hautes chaînes de l'Océanie sont celles des *îles de la Sonde*, d'une altitude de 5000 mètres.

Les géologues pensent que les montagnes, de même que les îles et les continents, se sont soulevées du sein des eaux, à diverses époques, par l'action de la chaleur intérieure de la Terre ; et ils ont remarqué que les montagnes contemporaines ont entre elles de grands rapports de direction.

Les plus grandes et les plus importantes chaînes de montagnes de la Terre sont rangées en arc de cercle autour du Grand océan et de l'océan Indien.

Les plus nombreux volcans forment aussi une grande courbe, du même genre, qui suit les bords du Grand océan, à travers l'Amérique, les terres orientales de l'Asie et celles de l'ouest de l'Océanie. On compte sur le globe 529 volcans actifs et solfatares, dont 204 pour l'Amérique, 127 pour l'Asie, 174 pour l'Océanie, 14 pour l'Europe, 10 pour l'Afrique.

Hydrographie sommaire; suite des définitions géographiques.—Océan; ses grandes divisions, leur situation relative et leurs communications entre elles; mers principales, leur situation; fleuves principaux qui vont s'y jeter.—Grands lacs du globe.—Nous avons dit que, dans l'ensemble des eaux qu'on appelle la *mer*, et qui couvre les $\frac{3}{4}$ du globe, il y a cinq *océans*. En pénétrant dans les terres, les océans produisent les *mers proprement dites*, puis les *golfes*, les *baies* et les *anses*, qui sont des enfoncements moins étendus.

Les *ports*, les *havres*, sont des espaces peu étendus qui s'avancent dans les terres et qui, abrités contre les vents et les grands mouvements de la mer, sont propres à servir d'asile aux navires.

Une *rade* est tantôt un enfoncement comparable à une petite baie, à une anse, et où les vaisseaux peuvent tenir à l'ancre; tantôt un espace de mer placé devant un port et qui, à l'abri de certains vents, mais moins sûr que le port, permet aux bâtiments de rester à l'ancre.

Un *détroit* est un espace de mer resserré entre deux portions de terre. On l'appelle quelquefois aussi *canal*, *pas*, *pertuis*.

Les *amas* d'eau considérables placés au milieu des terres sont des *lacs*. Il y en a d'assez grands pour porter le nom de *mers :* telle est la *Caspienne*, au milieu de l'ancien continent.

Sur la surface des mers et des lacs, des vents violents font naître des *ondes*, des *vagues*, des *lames* et des *flots*, qui s'élèvent en écumant, et se brisent les uns contre les autres ou viennent frapper le rivage avec fureur.

Les mers ont aussi des *courants*, qui portent les eaux dans de certaines directions.

Enfin, par l'effet de l'attraction de la Lune et du Soleil, les eaux de la mer s'élèvent et s'abaissent tour à tour deux fois par jour : c'est ce qu'on appelle les *marées*, divisées par conséquent en *marée montante* ou *flux*, et *marée descendante* ou *reflux*.

Le amas d'eau peu profonds situés au milieu des terres sont des *marais*. L'eau croupissante de ces tristes lieux répand presque toujours des exhalaisons malsaines.

Les *lagunes* sont des espèces de lacs placés près de la mer et formés tantôt par des cours d'eau qui s'épanchent sur une côte plate, tantôt par de petits golfes qui ne communiquent avec la mer que par de très-étroites entrées. Dans le sud de la France, on leur applique la dénomination impropre d'*étangs*.

Les eaux vives qui sortent de la Terre sont des *sources* ou des *fontaines* : c'est presque toujours sur les flancs des montagnes ou des collines qu'on les voit sourdre. Comme l'eau cherche sans cesse à gagner les lieux les plus bas, les sources s'écoulent et descendent, formant ainsi plusieurs courants qui vont sillonner le sol de toutes parts et répandre la fertilité et la fraîcheur sur les terres.

Les plus petits cours d'eau portent le nom de *ruisseaux*; les plus grands, celui de *fleuves*, s'ils se rendent directement à la mer; les autres sont des *rivières*, qui se jettent ou dans les fleuves ou dans d'autres rivières. Si le cours d'eau qui va tomber directement dans la mer n'est pas considérable, on peut l'appeler aussi *rivière*.

Les *torrents* sont des cours d'eau rapides et momentanés auxquels donne naissance, dans les pays montagneux, une chute abondante de pluie ou une grande fonte de neige.

Un *confluent* est l'endroit où deux cours d'eau s'unissent.

Un cours d'eau se jette dans la mer par une *embouchure* ou par plusieurs *bouches*; dans ce dernier cas, l'espace compris entre ses branches et la côte de la mer forme un *delta*, territoire ordinairement très-bas et très-fertile, produit par les *alluvions* du fleuve, c'est-à-dire par les dépôts qu'il a entraînés dans son cours.

Les *affluents* d'un cours d'eau sont les divers cours d'eau qu'il reçoit.

La *rive droite* d'un cours d'eau est la rive située à la droite d'une personne qui, placée sur le courant, regarde le point vers lequel il se dirige. La *rive gauche* est à la gauche de cette personne. Les rives élevées sont des *berges*, les rives basses sont des *grèves*.

Le *lit* d'un cours d'eau est le sol sur lequel il coule et où il est maintenu par les deux rives.

Le lit d'un cours d'eau offre quelquefois de brusques inégalités, des précipices profonds, et l'eau tombe alors avec fracas, en formant des nappes majestueuses. Quand c'est une grande rivière qui se précipite ainsi, la chute prend le nom de *cataracte;* quand c'est un ruisseau, elle s'appelle *cascade*. Un *rapide* est une chute très-peu considérable.

Le *bassin* d'un cours d'eau est tout le territoire dont les eaux viennent se rendre dans ce cours d'eau. La longue ceinture d'éminences qui sépare un bassin de ceux qui l'avoisinent s'appelle la *ligne de partage des eaux*.

Le *bassin* d'une mer est l'espace qui comprend, outre cette mer elle-même, l'ensemble de tous les territoires qui y versent leurs eaux. Le territoire qui verse ses eaux dans une mer constitue le *versant* de cette mer.

Le *thalweg* est la ligne qui, parcourant un bassin dans sa longueur, en marque la partie la plus basse.

Un *canal* est une rivière artificielle, destinée ordinairement à faire communiquer ensemble deux cours d'eau et à faciliter, par la navigation, les relations commerciales.

Un *étang* est un petit lac artificiel, produit par un ruisseau dont on arrête le cours par une chaussée.

Grandes divisions hydrographiques. — L'*hydrographie* est la description des eaux, soit maritimes, soit continentales ou insulaires, qui sont répandues de toutes parts avec tant d'abondance, et dont les hommes tirent un si grand parti pour les communications commerciales.

Si l'on remarque d'abord les avancements formés par l'océan dans les terres, on trouve que la plus grande et la plus remarquable mer produite par l'ATLANTIQUE est la *Méditerranée*, située entre l'Europe, l'Afrique et l'Asie, et communiquant avec le reste de l'océan par le détroit de Gibraltar.

Elle comprend plusieurs autres mers, telles que l'*Adriatique*, l'*Archipel* et la mer *Noire*.

L'océan Atlantique forme encore, dans l'ancien continent, la mer *Baltique* et la mer du *Nord*, en Europe, et le golfe de *Guinée*, en Afrique. Sur la côte de l'Amérique, il forme la mer d'*Hudson*, le golfe du *Mexique* et la mer des *Antilles*.

Le GRAND OCÉAN comprend, au nord, la mer de *Béring*, située entre l'Amérique et l'Asie. Il forme, à l'est, en Amérique, la mer *Vermeille* ou le golfe de *Californie*.

A l'ouest, sur la côte d'Asie, il renferme la mer d'*Okhotsk*, la mer du *Japon* et la mer de *Chine*.

L'OCÉAN INDIEN forme, au sud de l'Asie, le golfe du *Bengale*, la mer d'*Oman* et le golfe *Persique*.

Entre l'Afrique et l'Asie, il forme la mer *Rouge*, appelée aussi golfe *Arabique*.

L'OCÉAN GLACIAL ARCTIQUE comprend la mer *Blanche*, en Europe, et la mer *Polaire*, la mer de *Baffin*, en Amérique.

L'OCÉAN GLACIAL ANTARCTIQUE n'a pas de subdivisions connues.

Le détroit le plus remarquable du monde est le détroit de *Béring*, qui sépare l'ancien continent du nouveau, et qui unit le Grand océan à l'océan Glacial arctique. On distingue ensuite, parmi les plus importants, le détroit de *Gibraltar*, qui sépare l'Europe de l'Afrique; le détroit de *Bab-el-Mandeb*, entre l'Asie et l'Afrique ; le détroit de *Malacca*, entre l'Asie et l'Océanie.

Examinons maintenant les fleuves principaux qui sillonnent la Terre : sur le VERSANT NORD-OUEST de l'ancien continent, on voit couler vers l'**océan Glacial** cinq fleuves principaux : en Asie, la *Léna*, l'*Iéniséi*, l'*Ob* ou *Obi* ; en Europe, la *Petchora* et la *Dvina septentrionale*.

Vers l'**océan Atlantique** ou les mers qu'il forme, on remarque, en Europe, la *Vistule*, l'*Oder*, l'*Elbe*, le *Rhin*, la *Tamise*, la *Seine*, la *Loire*, la *Gironde*, le *Douro*, le *Tage*, la *Guadiana* ; — en Afrique, le *Sénégal*, la *Gambie*, le *Diali-ba* ou *Niger*, le *Zaïre* ou *Coango*.

La **Méditerranée** reçoit, du côté de l'Europe, l'*Èbre*, le *Rhône*, le *Pô*, le *Danube*, le *Dnieper*, le *Don*.

Du côté de l'Afrique, elle reçoit le *Nil*.

La **mer Caspienne**, qu'on peut aussi placer sur le versant nord-ouest, a pour tributaires le *Volga*, fleuve d'Europe, et l'*Oural*, qui sépare l'Europe de l'Asie. On peut enfin mettre encore sur ce versant la **mer d'Aral**, située en Asie, et qui reçoit le *Djihoun* ou *Oxus*.

Sur le VERSANT SUD-EST de l'ancien continent, les principaux fleuves de l'Asie vers l'**océan Pacifique** sont : l'*Amour*, le *Hoang-ho* ou fleuve *Jaune*, le *Kiang* ou fleuve *Bleu*, le *May-kang* ou *Camboge*.

La même partie du monde envoie vers l'**océan Indien** l'*Iraouaddy* ou *Ava*, le *Gange*, le *Sind* ou *Indus*, l'*Euphrate* et le *Tigre*.

En Afrique, on distingue le *Zambèze* vers ce dernier océan.

Le large VERSANT ORIENTAL de l'Amérique, incliné vers l'**océan Atlantique**, est arrosé par un nombre infini de fleuves, dont quelques-uns sont les plus vastes du globe. Dans l'Amérique septentrionale, on voit le *Saint-Laurent*, le *Mississipi*, grossi du *Missouri ;* dans l'Amérique méridionale, l'*Orénoque*, l'*Amazone*, le *Saint-François* et le *Rio de la Plata*.

Le VERSANT OCCIDENTAL de l'Amérique, vers l'**océan Pacifique**, est généralement fort étroit, et l'on n'y remarque que deux fleuves considérables : la *Columbia* ou *Orégon*, et le *Rio Colorado*.

Le fleuve le plus étendu de l'Asie est le *Kiang*, qui a près de 4500 kilomètres de cours. Le plus long fleuve de l'Afrique, et probablement de l'ancien continent, est le *Nil*, qui paraît avoir plus de 5000 kilomètres. Le *Volga*, qui a à peu près 3500 kilomètres, est le plus long de l'Europe.

Le plus grand cours d'eau de l'Amérique est celui qui comprend le *Missouri* et la partie inférieure du *Mississipi*, et qui offre une étendue de plus de 7000 kilomètres. L'*Amazone* a une masse d'eau plus large, mais sa longueur n'est que d'environ 4500 kilomètres.

Dans l'ancien continent, les lacs les plus grands sont la mer *Caspienne* et la mer d'*Aral*. On voit ensuite, sur le plateau central de l'Asie, plusieurs grands lacs, tels que le *Balkhach-noor*, le *Lob-noor* et le *Khoukhou-noor*.

Au centre de l'Afrique, se trouve le lac *Tchad*, qui ne paraît appartenir à aucun versant d'océan.

Les principaux lacs du versant nord-ouest, après la Caspienne et l'Aral, sont : en Asie, le lac *Baïkal ;* en Europe, les lacs *Ladoga*, *Onéga*, *Balaton*, de *Constance*, de *Genève ;* en Afrique, les lacs *Dibbie* et *Dembéa*.

Ceux du versant sud-est sont le *Pho-yang*, le *Thoungthing*, en Asie, et, dans la partie méridionale de l'Afrique, le grand lac *N'yassi*, paraît aussi appartenir à ce versant.

L'Amérique est la partie du monde où il y a le plus de lacs : on y remarque, sur le versant oriental : 1° dans l'Amérique du nord, le lac *Ouinipeg ;* les lacs *Supérieur*, *Huron*, *Michigan*, *Érié* et *Ontario*, auxquels le fleuve Saint-Laurent sert d'écoulement ; le lac de *Nicaragua*, au nord-ouest de l'isthme de Panama ; 2° dans l'Amérique méridionale, le lac de *Maracaybo*, qui ressemble presque à un golfe, et la *lagune d'Ybera*.

Sur le plateau des Andes, se trouve le lac *Titicaca* ou *Chucuyto*.

Après la mer Caspienne, le lac *Supérieur* est le plus grand lac du globe. Le lac le plus considérable de l'ancien continent, si l'on excepte la mer Caspienne, est celui d'*Aral*. Le lac *Tchad* est le plus grand lac connu de l'Afrique, et le lac *Ladoga*, le plus grand de l'Europe.

Le plus grand marais du monde est probablement le

Rin, sur la côte sud de l'Asie, près de l'embouchure de l'Indus. Les marais de *Pinsk*, dans la Russie orientale, sont les plus vastes de l'Europe.

CHAPITRE II.

DISTRIBUTION DES HOMMES SUR LA TERRE.

Population du globe.—Races d'hommes.—Les hommes, répandus sur le globe au nombre d'environ un milliard, présentent entre eux de grandes différences pour la couleur, les traits du visage, la forme de la tête, les cheveux, le langage, etc. Les principales différences ont servi à distribuer l'espèce humaine en *six races* ou *variétés*, qui se subdivisent en branches nombreuses. L'étude de cette classification des hommes se nomme *ethnographie*.

Les trois races principales sont la race *blanche*, la race *jaune* et la race *nègre*.

La race *blanche*, appelée encore *caucasique*, parce que la chaîne du Caucase, entre la mer Noire et la mer Caspienne, paraît en avoir été le berceau et offre encore les types les plus beaux de cette race, occupe l'ouest de l'ancien continent, c'est-à-dire l'Europe, la moitié occidentale de l'Asie et le nord de l'Afrique, et elle a formé de nombreuse colonies dans les autres parties du globe, surtout dans l'Amérique.

Cette race a pour caractère l'ovale régulier de sa tête, un front large et presque vertical, les yeux grands et fréquemment châtains ou bleus, les cheveux fins, souvent bouclés, généralement châtains ou blonds; un angle facial très-ouvert, enfin une couleur blanche et rosée : cependant son teint est assez brun, quelquefois même noir, dans les contrées chaudes. Elle est active, entreprenante et ambitieuse, et les peuples placés à la tête de la civilisation lui appartiennent.

La race *jaune*, nommée encore *mongolique* à cause de

la grande nation des Mongols qui en est le type, occupe les régions orientales de l'Asie, et se trouve aussi en petites peuplades dans le nord de la même contrée, aux extrémités boréales de l'Amérique et de l'Europe, et dans le nord de l'Océanie. Les hommes de cette race se reconnaissent à leur visage large et plat, à leur nez épaté, à leurs yeux très-longs, mais étroits, et relevés obliquement en dehors, à leurs cheveux noirs, lisses et roides, à leur teint jaunâtre ou olivâtre. Leur angle facial est moins ouvert que celui de la race blanche.

Plusieurs des peuples de la race jaune sont d'une civilisation très-ancienne, et ils ont connu, avant les blancs, un grand nombre d'arts ingénieux; mais ils sont restés stationnaires, et la race blanche les surpasse aujourd'hui.

La race *nègre* est répandue dans la partie moyenne et le sud de l'Afrique; elle se trouve aussi dans le midi de l'Océanie, surtout dans la Nouvelle-Hollande. Elle offre une couleur noire ou noirâtre, un front déprimé, des mâchoires avancées, des dents obliques, plus longues que dans les deux autres races; un nez large et épaté, de grosses lèvres, une bouche très-grande, des joues proéminentes, des cheveux laineux, et un angle facial peu ouvert.

Cette race est moins civilisée et paraît moins intelligente que les deux premières. Un grand nombre de nègres, réduits à l'esclavage par les Européens, ont été transportés dans les colonies d'Amérique.

Les autres races n'ont pas de traits aussi caractéristiques : elles tiennent à la fois de la race blanche et de la race jaune, mais plus particulièrement de cette dernière, dans laquelle on les comprend quelquefois. Ce sont les races *malaise*, *polynésienne* et *américaine*.

La race *malaise*, répandue dans une petite partie du sud-est de l'Asie, dans l'ouest de l'Océanie, à Madagascar et probablement aussi dans une partie de l'Afrique continentale, a un teint olivâtre, brun ou rougeâtre, les cheveux longs, luisants et noirs, la face aplatie, le nez épaté, la bouche grande. Elle est intelligente, mais souvent perfide et cruelle ; elle se livre au commerce avec beaucoup d'activité; l'anthropophagie est commune chez plusieurs de ses peuples.

La race *polynésienne* habite la Polynésie, qui est la partie orientale de l'Océanie. Les hommes de cette variété ont la peau basanée ou jaune citron clair, et ils la couvrent ordinairement d'un tatouage singulier. Ils sont grands, bien faits et robustes. Ils ont la figure ovale, le front découvert et arrondi, le cou gros, les cheveux noirs et lisses, l'œil bien fendu, les sourcils très-fournis, le nez légèrement épaté, la bouche un peu grande, les lèvres épaisses, le menton arrondi.

Les Polynésiens sont ingénieux, naviguent avec une adresse admirable, et paraissent propres à la civilisation, mais beaucoup de ces hommes ont encore des habitudes cruelles, et l'anthropophagie est commune parmi eux.

La race *américaine* ou *rouge* comprend les sauvages de l'Amérique, c'est-à-dire les indigènes américains, descendants des peuples qui occupaient tout ce continent avant que les Européens s'en emparassent. Elle a la peau d'un rouge de cuivre, les cheveux plats et tombants, les yeux grands, la tête allongée, le front déprimé, le nez long, saillant et aquilin. Les Américains ont formé autrefois quelques empires puissants et civilisés; mais ce sont aujourd'hui de faibles et misérables sauvages, peu à peu refoulés et détruits par les blancs.

(Voir, pour les développements ethnographiques, chaque partie du monde.)

Religions. — Tous les hommes ont le sentiment de la divinité qui gouverne le monde; tous croient à l'existence d'une puissance supérieure à la nature humaine; mais tous n'ont pas les mêmes idées sur cette puissance, et ne lui témoignent pas leur vénération de la même manière. Les uns adorent un seul Dieu : ce sont les *monothéistes;* — les autres croient qu'il en existe plusieurs : ce sont les *païens* ou *polythéistes.*

Ceux qui professent la religion d'un seul Dieu ne sont

pas tous soumis aux mêmes lois religieuses. Les uns suivent les principes de Jésus-Christ, et sont *chrétiens :* le *christianisme* règne chez les peuples les plus civilisés, c'est-à-dire en Europe et dans les colonies européennes de toutes les parties du monde ; il se divise en plusieurs branches, comme le *catholicisme*, le *protestantisme*, la religion *grecque*.

D'autres, peu nombreux, suivent encore les antiques lois de Moïse : ce sont les *juifs* ou *israélites*, qui se trouvent dispersés dans un grand nombre de pays. Leur religion s'appelle *mosaïsme* ou *judaïsme*.

Enfin beaucoup de monothéistes obéissent aux préceptes de Mahomet : ce sont les *mahométans* ou *musulmans*, répandus dans l'ouest de l'Asie, dans une petite partie du sud-est de l'Europe, dans le nord de l'Afrique et dans l'ouest de l'Océanie. Leur religion s'appelle *islamisme* ou *mahométisme*.

Dans l'est de l'Asie, il y a un certain nombre de polythéistes qui suivent la doctrine de Confucius.

Les *païens* sont malheureusement encore presque aussi nombreux que les monothéistes. Ils rendent souvent un culte à des objets inanimés ou à des animaux : ce sont alors des *fétichistes*. Plusieurs peuplades, comme celles du nord de l'Asie, reconnaissent les mauvais esprits comme la cause principale de tous les phénomènes nuisibles, de tous les accidents, et ces esprits sont l'unique objet de leurs invocations. Leurs prêtres se nomment *chamans*, et cette religion est le *chamanisme*.

D'autres adorent les astres et le feu : ce sont les *sabéens* et les *guèbres* ou *parsis*. Enfin plusieurs, adorant un Dieu supérieur, le croient accompagné de génies et d'esprits bons et mauvais, qui sont l'objet de leur culte et de leurs hommages superstitieux : ce sont les *brahmistes*, les *bouddhistes* et les *lamistes*. (Voir l'Asie.)

Les païens se trouvent surtout dans les parties méridionales et orientales de l'Asie, dans l'Océanie, la moitié méridionale de l'Afrique et une grande partie de l'Amérique.

Sociétés humaines. — L'homme ne peut rien sans ses semblables : seul, il ne saurait résister aux attaques de divers animaux, à la fureur des éléments; mais, en se réunissant à d'autres, il est fort et puissant. Les hommes sentent donc le besoin de se réunir en *société*. Ceux qui sont placés dans la condition la plus sauvage, et privés de toute espèce d'industrie, ne connaissent pas les réunions en corps nombreux, et ne forment que les petites sociétés des *familles isolées*. Ces réunions ont pour tout abri une *caverne*, une misérable *hutte* ou *cabane* de branches, de feuillages ou de terre.

Lorsque plusieurs familles se réunissent, elles forment des *peuplades*, des *tribus*, des *hordes*, qui n'ont pas ordinairement de demeures fixes. La plupart habitent sous des *tentes*, recouvertes de peaux d'animaux ou d'étoffes grossières, et qu'on transporte aisément d'un endroit à un autre. Il y a des peuplades qui ne s'occupent que de la chasse; quelques-unes vivent des productions spontanées du sol; d'autres se livrent uniquement à la pêche, et ne se nourrissent que de poissons : ce sont les *ichthyophages;* plusieurs, appelées *nomades*, ont de nombreux troupeaux, qu'elles conduisent de pâturages en pâturages, et dont le lait et la chair leur servent d'aliments; mais quelquefois aussi elles vivent de pillage.

En se réunissant en corps plus nombreux, les hommes composent les *nations* et les *peuples*. Ces grandes réunions sont les plus civilisées. Elles habitent dans des *maisons* solides, en pierre, en brique, en bois, et elles savent embellir ces habitations, leur donner une apparence élégante, une disposition agréable et commode. Ces maisons sont rarement isolées, mais ordinairement réunies en groupes plus ou moins considérables : les plus petits groupes d'habitations sont les *hameaux;* un peu plus importants, ils portent le nom de *villages*. Un *bourg* est plus étendu qu'un village. Enfin les grands amas de maisons forment les *villes* ou les *cités*.

Parmi les hommes des nations policées, les uns se livrent aux *arts matériels*, qui répondent aux besoins physiques. D'autres cultivent les *beaux-arts* et les *belles-lettres*, qui répondent aux besoins moraux et spirituels de l'homme. D'autres se vouent aux *sciences*, qui servent à éclairer les divers arts, à nous guider dans l'emploi de leurs produits, et à nous faire bien connaître la nature de toutes les choses, soit physiques, soit morales.

Un grand nombre d'hommes, enfin, s'occupent du *commerce*, c'est-à-dire font circuler dans toutes les parties du corps social ce qu'ont créé les arts, ou ce que la nature donne spontanément.

Comme il faut de l'ordre dans la société, chaque réunion d'hommes a besoin d'un *gouvernement*.

Beaucoup de réunions sont gouvernées par un seul chef ou *monarque*, qu'on nomme tantôt *roi*, tant *empereur*, et la contrée prend alors le nom de *royaume* ou celui d'*empire*. Quelquefois ce chef est *absolu*, c'est-à-dire qu'il a un pouvoir illimité. Mais, dans un grand nombre d'États, l'autorité du monarque est tempérée par une charte ou constitution, et par des assemblées d'hommes qui représentent le reste de la nation : on dit alors que la monarchie est *constitutionnelle*. Quand le gouvernement est entre les mains d'assemblées ou de chefs élus par la population ou par certaines classes de la population, il s'appelle *république*.

CHAPITRE III.

ASIE.

Limites, forme générale du contour, mers et îles principales, étendue. — L'Asie occupe la partie orientale de l'ancien continent, et s'étend du 1er au 78e degré de latitude nord, et du 23e degré de longitude est au 172e de longitude ouest. Elle fut le berceau du genre humain, celui des premiers empires, des principales religions des peuples, et c'est la patrie de la plupart des productions les plus utiles. Elle tient, vers l'ouest, à l'Europe et à l'Afrique par trois espaces de terre : le plus grand et le plus septentrional est le territoire des monts *Ourals;* celui du milieu est l'isthme du *Caucase*, entre la mer Caspienne et la mer Noire ; le plus méridional est l'isthme de *Suez*, qui conduit en Afrique et qui est resserré entre la mer Rouge et la Méditerranée. Partout ailleurs l'Asie est enveloppée par la mer : au nord, elle est baignée par l'*océan Glacial arctique;* au nord-est, le détroit de *Béring* la sépare de l'Amérique ; à l'est, elle a le *Grand océan* ou *océan Pacifique ;* au sud, le détroit de *Malacca* et l'*océan Indien.*

L'Asie a en général la forme d'un immense quadrilatère, échancré néanmoins par plusieurs mers et golfes considérables qui pénètrent sur ses côtes, et par plusieurs grandes presqu'îles.

L'océan Glacial y forme les golfes de l'*Obi* et de l'*Iénisséi.* Le Grand océan y comprend les mers de *Béring*, d'*Okhotsk*, du *Japon*, de *Corée*, la mer *Jaune*, celle de *Chine.* L'océan Indien y forme le golfe du *Bengale*, la mer d'*Oman*, le golfe *Persique* et la mer *Rouge*, avec les détroits d'*Ormus* et de *Bab-el-Mandeb*, qui sont les entrées de ce golfe et de cette mer.

Parmi les presqu'îles, on remarque, à l'ouest, l'*Asie Mineure;* au sud, l'*Hindoustan* et l'*Indo-Chine*, ou les deux presqu'îles de l'*Inde*, avec la presqu'île de *Malacca;* à l'est, la *Corée* et le *Kamtchatka.*

Un assez grand nombre d'îles sont disséminées autour des côtes. On distingue, dans l'océan Glacial, les îles *Liakhov*, très-froides et désertes. A l'est, on remarque les îles *Kouriles*, entre la mer d'Okhotsk et le Grand océan ; les îles du *Japon* (*Nifon*, *Sikoko*, *Kiou-siou*, *Yéso*, *Sakhalian*), entre la mer du Japon et le Grand océan ; l'île *Formose*, entre la mer de Corée et celle de Chine ; les îles *Lieou-khieou*, à l'est de la mer de Corée ; l'île de *Haï-nan*, dans la mer de Chine.

L'île de *Ceylan*, grande et fertile, est à l'entrée du golfe du Bengale, près et au sud-est de l'Hindoustan.

Dans la partie orientale du même golfe, on trouve les îles *Andaman* et *Nicobar*.

Au sud-ouest de l'Hindoustan, on voit les îles *Laquedives*, et la grande chaîne des îles *Maldives*, distribuée en plusieurs atollons, et environnée de récifs dangereux. Enfin, dans la mer Méditerranée, on remarque l'île de *Chypre*, près et au sud de l'Asie Mineure; *Rhodes* et les autres îles *Sporades*, vers le sud-ouest de la même péninsule; *Samo*, *Khio*, *Mételin* (*Lesbos*), à l'ouest.

Le cap le plus avancé de l'Asie au nord est le cap *Taïmour* ou *Septentrional*, appelé aussi *Sévéro-Vostotchnii* (c'est-à-dire *Nord-Est*); à l'extrémité nord-est de cette partie du monde est le cap *Oriental;* à l'extremité sud, le cap *Tamdjong-Bourou*, pointe méridionale de la presqu'île de Malacca; on voit encore au sud le cap *Comorin*, à l'extrémité de l'Hindoustan; à l'ouest, le point extrême de l'Asie est le cap *Baba*, dans l'Asie Mineure.

La longueur de l'Asie est de 10 200 kilomètres, du nord-est au sud-ouest, depuis le cap Oriental, sur le détroit de Béring, jusqu'au détroit de Bab-el-Mandeb; elle a à peu près 8000 kilomètres du nord au sud, depuis le cap Septentrional, sur l'océan Glacial, jusqu'au cap Tamdjong-Bourou, sur le détroit de Malacca.

Comme masse *continentale*, c'est la plus grande partie du monde. On compte dans l'Asie continentale 41 200 000 kilomètres carrés; avec les îles, l'Asie a 42 160 000 kilomètres carrés.

Division en grands versants; grandes chaînes de montagnes. — L'aspect physique de l'Asie a quelque chose de grand et de majestueux; la nature présente, dans cette partie du monde, des contrastes frappants : le centre forme un vaste plateau entouré et soutenu par une énorme ceinture de hautes montagnes, dont les branches nombreuses se répandent dans toutes les directions; d'immenses plaines très-fertiles s'étendent dans les parties méridionales; d'autres vastes plaines, arides et nues, se trouvent au sud-ouest, et forment les déserts de l'Arabie, de la Perse, du nord-ouest de l'Inde, du Béloutchistan et de l'ouest de l'Afghanistan; dans quelques parties centrales et dans le nord-ouest, d'autres plaines désertes, tantôt sablonneuses, tantôt couvertes d'herbes, portent le nom de *steppes;* on y remarque surtout le désert de *Gobi* ou *Chamo* et les steppes d'*Ichim*; au nord, on voit des régions marécageuses et tristes, couvertes, durant une grande partie de l'année, d'une épaisse couche de glace et de neige.

Les montagnes qui enveloppent et soutiennent le grand *plateau central* portent différents noms : au nord, ce sont les monts *Altaï* et *Tang-nou;* à l'ouest, les monts *Célestes* ou *Thian-chan*, et les monts *Bolor;* au sud-ouest, les monts *Bleus* ou *Thsoung-ling*; au sud, les monts *Kouen-lun* ou *Kan-ti-ssé*; à l'est, les monts *In-chan;* au nord-est, les monts *Hongour*.

On voit se détacher de ces montagnes, dans diverses directions, d'autres chaînes importantes, dont quatre, vers le nord-est, le nord-ouest, le sud-ouest et le sud-est, marquent le partage des eaux des grands versants maritimes de l'Asie.

Vers le nord-est, s'étend la chaîne des monts *Iablonoï* (*Pommelés*) ou *Stanovoï* (*Neigeux*), et qui va se terminer au cap Oriental.

Au nord-ouest, est l'*Oulouk-tagh*, séparé des monts *Ourals* ou *Poyas* par des steppes.

Au sud-ouest, la chaîne de l'*Hindou-khouch* ou du *Caucase indien*, de l'*Elbours*, du *Taurus oriental* et de l'*Anti-Liban* s'avance jusqu'à l'isthme de Suez. Cette chaîne se sépare, après le Caucase indien, en deux bras qui enveloppent le *plateau de la Perse*. Le mont *Ararat* est un de ses plus hauts sommets. Le mont *Sinaï*, vers l'extrémité nord de la mer Rouge, se rattache à un rameau méridional de l'Anti-Liban.

Au sud-est, la chaîne des montagnes de l'*Indo-Chine* se prolonge jusqu'au cap Tamdjong-Bourou.

Ces quatre grandes chaînes séparent les quatre versants de l'Asie, c'est-à-dire le versant du nord, incliné vers l'océan Glacial arctique; le versant de l'est, vers le Grand océan; le versant du sud, vers l'océan Indien, et le versant de l'ouest, vers les mers intérieures (mer Caspienne, mer d'Aral, Méditerranée, etc.).

Quelques autres chaînes remarquables se détachent, soit des montagnes qui environnent le plateau central, soit des quatre chaînes dont on vient de parler.

La plus considérable est l'*Himalaya*, qui longe le plateau au sud, et qui comprend les plus hautes montagnes du globe. Une longue chaîne qui se détache de celle-là vers le midi parcourt l'Hindoustan jusqu'au cap Comorin, et porte sur une grande étendue le nom de *Ghattes occidentales*. Dans le voisinage, sont les *Ghattes orientales*.

Le *Taurus occidental* se montre dans l'Asie Mineure. L'*Anti-Taurus*, qui s'en sépare au nord, le fait communiquer avec la haute chaîne du *Caucase*.

Le *Liban*, intéressant par de grands souvenirs historiques, s'élève près et à l'est de la Méditerranée.

Fleuves et lacs. — Sur le versant du nord, coulent trois grands fleuves, tributaires de l'océan Glacial, et longs de plus de 3000 kilomètres : l'*Ob* ou *Obi* et l'*Iéniséi*, qui tombent dans les golfes de même nom, et la *Léna*, qui a beaucoup d'embouchures.

Sur le versant de l'est, on voit l'*Amour* ou *Sakhalian-oula*, qui débouche en face de l'ile Sakhalian, et verse ses eaux, d'un côté, dans la mer d'Okhotsk, de l'autre, dans la mer du Japon; le *Hoang-ho* ou fleuve *Jaune*, tributaire de la mer Jaune; le *Kiang*, *Yang-tseu-kiang* ou fleuve *Bleu*, qui tombe, après un cours de 4500 kilomètres, dans la mer de Corée ou Bleue; le *Camboge* ou *May-kang*, qui se jette dans la mer de Chine; le *Meïnam*, qui se rend dans la même mer par le golfe de Siam.

Sur le versant du sud, on distingue le *Salouen*, l'*Ava* ou *Iraouaddy*, le *Brahmapoutre* et le *Gange*, tous les quatre tributaires du golfe du Bengale; le *Sind* ou *Indus*, qui tombe dans la mer d'Oman; le *Tigre* et l'*Euphrate*, fameux dans l'histoire, et qui forment, en se réunissant, le *Chot-el-Arab*, tributaire du golfe Persique.

Sur le versant de l'ouest, le *Kizil-ermak* (ancien *Halys*) tombe dans la mer Noire; l'*Oural*, dans la mer Caspienne; le *Djihoun* ou *Amou-déria* (ancien *Oxus*) et le *Sihoun* ou *Sir-déria* (ancien *Iaxartes*), dans la mer d'Aral.

Outre la mer *Caspienne* et la mer d'*Aral*, qui peuvent être considérées comme de grands lacs, l'Asie renferme encore beaucoup d'autres lacs considérables :

Sur le versant du nord, on remarque le long lac *Baïkal*, qui s'écoule dans l'Iénisséi.

Sur le versant de l'est, se trouvent les lacs *Pho-yang* et *Thoung-thing*, qui communiquent avec le fleuve Yang-tseu-kiang; et le *Tengri-noor*, qui paraît s'écouler dans le May-kang.

Le versant du sud n'offre pas de lacs considérables, mais on y voit un des plus grands marais du globe, le *Rin*, qui communique avec la mer d'Oman.

Dans le grand plateau central, ou vers ses limites, sont le *Balkhach*, au nord-ouest, le lac *Lob*, au milieu, et le lac *Bleu* ou *Khoukhou-noor*, à l'est. Dans le plateau de la Perse, on rencontre l'un près de l'autre les lacs *Hamoùn* et *Zéreh*.

Entre les versants de l'ouest et du sud, sur de petits plateaux ou dans des bassins d'où ils ne sortent par aucun écoulement, on voit les lacs d'*Ormiah* et de *Van*, et le lac *Asphaltite* ou la mer *Morte*.

Climat, productions. — Le climat est bien plus rigoureux dans le nord de l'Asie que dans les parties correspondantes de l'Europe. Au midi, on éprouve des chaleurs étouffantes. Sur le plateau et dans les montagnes du milieu, il fait plus froid que la latitude ne semble l'annoncer. A l'est et à l'ouest, la température est douce et agréable.

L'Asie possède une grande abondance de pierres précieuses : rubis, turquoises, saphirs, etc. Il y a de riches mines de diamants dans l'Hindoustan. L'or abonde dans les monts Ourals, les monts Altaï, etc.

La végétation est magnifique dans le sud de l'Asie . on y voit des palmiers, l'indigotier, le cannellier, le poivrier, le camphrier, le figuier indien, le tek, l'oranger, le bambou, le bananier, le bois de sandal, le cafier, le cotonnier, la canne à sucre. Dans l'ouest, on remarque des oliviers, la vigne, des térébinthes, des lentisques, des cyprès, des cèdres, des cerisiers, des abricotiers, des pêchers, des pruniers, des amandiers, des mûriers, des grenadiers, des figuiers, des céréales semblables à celles de l'Europe; dans l'est, le thé, l'arbre à vernis, les arbres à suif et à cire, le kamélia, l'hortensia, etc.

Les chameaux sont les plus utiles bêtes de somme des régions occidentales et centrales. Les chevaux d'Arabie sont renommés. Les animaux des pays du sud sont principalement les singes, les éléphants, les tigres, les perroquets, les argus, les paons, les faisans dorés et argentés.

Dans les montagnes du centre, on rencontre la chèvre qui donne le duvet à châles, l'yak, le chevrotain porte-musc. Dans le nord, il y a des martes, des hermines, des renards et autres animaux à fourrures.

Le ver à soie est originaire de l'Asie. On pêche sur les côtes méridionales beaucoup de cauris et d'huîtres à perles.

Contrées, principaux États, capitales, villes principales. — L'Asie comprend treize divisions principales, qu'on peut classer en quatre régions : 1° la région du versant du nord ou de l'océan Glacial; 2° les pays situés sur le versant des mers intérieures et sur le plateau de la Perse, ou placés à la fois sur le versant des mers intérieures et sur celui de l'océan Indien; 3° les pays du plateau central et du versant du Grand océan; 4° les pays du versant de l'océan Indien.

Sur le versant de l'océan Glacial, dans le nord de l'Asie, se trouve la Sibérie ou la Russie asiatique orientale, immense possession russe, plus vaste que toute l'Europe, et cependant à peine peuplée de 3 000 000 d'habitants, à cause de la rigueur du climat. Les parties les plus méridionales de la Sibérie ont quelques cantons fertiles en blé; mais la plus grande portion de ce triste pays se compose de plaines marécageuses, de lacs, de sombres forêts vierges, de steppes sablonneuses ou salées. C'est surtout par les mines et les animaux à fourrures que la Sibérie est importante pour la Russie : il y a de l'or, du platine, de l'argent, du fer, du cuivre, de la houille, des pierres précieuses, telles que des améthystes, des saphirs, des onyx, des aigues-marines; il s'y trouve encore de grands animaux fossiles, entre autres des éléphants mammouths.—Elle s'étend de l'ouest à l'est, depuis les monts Ourals jusqu'au détroit de Béring; les monts Altaï et d'autres grandes chaînes du rebord septentrional du plateau central l'enveloppent au sud; la longue chaîne des monts Iablonoï la parcourt à l'est. Les grands fleuves Ob, Iénisséi et Léna la traversent du sud au nord. La presqu'île de Kamtchatka, couverte de hautes montagnes volcaniques, se trouve dans la partie orientale. Les deux villes principales sont ***Tobolsk***, capitale de la Sibérie occidentale, et ***Irkoutsk***, capitale de la Sibérie orientale. On peut encore remarquer, à l'ouest, *Tomsk* et ***Omsk***; à l'est, ***Iakoutsk***, ***Nertchinsk***, ***Kiakhta***, grand entrepôt du commerce entre les Russes et les Chinois; ***Okhotsk***, et ***Saint-Pierre-et-Saint-Paul***, les ports les plus importants de la Russie sur le Grand océan.

Dans la deuxième région, qui s'étend dans l'ouest de l'Asie, on remarque :

1° La Transcaucasie, ou Russie asiatique occidentale, autre possession russe, bien moins grande, mais beaucoup plus favorisée de la nature. Elle est appuyée sur le flanc méridional du mont Caucase, et située entre la mer Noire et la mer Caspienne. On y compte 2 600 000 habitants. La ville principale est ***Tiflis***, dans la Géorgie ou Grouzinie, qui est la plus importante province de cette contrée. On remarque aussi ***Érivan***, dans l'Arménie russe.

2° La Turquie d'Asie, fort beau pays, situé avantageusement à l'extrémité occidentale de l'Asie, entre la mer Noire, l'Archipel, la Méditerranée proprement dite et le golfe Persique, et servant, pour ainsi dire, de lien aux trois parties de l'ancien monde. La population y est d'environ 16 000 000 d'habitants. On y trouve quelques-unes des régions les plus célèbres dans l'histoire : l'*Asie Mineure* (comprenant aujourd'hui l'*Anatolie*, la *Caramanie*, etc.), l'*Arménie*, la *Mésopotamie*, l'*Assyrie* (aujourd'hui *Kurdistan*), la *Babylonie* (aujourd'hui *Irac-Arabi*), la *Syrie* (qui renferme maintenant, outre la Syrie ancienne, la *Palestine* et la *Phénicie*). — On distingue les villes de *Smyrne*, d'*Angora*, de *Brousse*, de *Kutahieh*, de *Conieh*, de *Tokat*, de *Trébizonde*, dans l'Asie Mineure ; — d'*Erzeroum*, dans l'Arménie ; — de *Mossoul*, dans le Kurdistan ; — de *Bagdad*, de *Bassora*, dans l'Irac-Arabi ; — d'*Alep*, de *Damas*, de *Tripoli*, de *Beyrouth*, d'*Acre*, de *Jérusalem*, dans la Syrie. Parmi les nombreuses villes ruinées que cette contrée historique renferme, on remarque *Ninive* (à Khorsabad, près de Mossoul), *Babylone*, *Troie*, *Éphèse*, *Palmyre*, etc.

3° La Perse ou l'Iran, qui touche au nord à la mer Caspienne, et vers le sud au golfe Persique et à la mer d'Oman. Elle comprend à l'est le grand désert Salé, situé au milieu du plateau qui porte le nom de *plateau de la Perse ;* mais ailleurs, surtout au sud, elle offre des régions fertiles et agréables : c'est la patrie primitive de la figue, de la grenade, de la mûre, de l'amande, de la pêche, de l'abricot, de la prune. Le souverain du royaume porte le titre de *chah*. La population est d'environ 10 000 000 d'habitants. — Les principales provinces de Perse sont l'*Irac-Adjémi*, le *Farsistan*, le *Khouzistan*, le *Khoraçan*, le *Kerman*, etc. — *Téhéran* est la capitale ; les autres grandes villes sont *Ispahan*, *Chiraz*, *Tauris*, *Hamadan*, *Balfrouch*, *Sari*, *Recht ;* le principal port sur le golfe Persique est *Bender-Boucher*, et le plus remarquable sur la mer Caspienne est *Asterabad*.

4° L'Afghanistan, ou royaume de Caboul, qui ne touche à la mer d'aucun côté. La partie occidentale appartient au plateau de la Perse ; le reste est dans le bassin de l'Indus. Les hautes montagnes du Caucase indien couvrent le nord. La capitale est *Caboul ;* les autres villes principales sont *Candahar* et *Ghiznih*. La population est de 4 à 5 millions d'habitants.

5° Le petit royaume de Hérat, renfermé entre l'Afghanistan et la Perse, et peuplé de 1 500 000 habitants. La capitale porte le même nom.

6° Le Turkestan indépendant, ou la Tatarie indépendante, qui s'étend à l'est de la mer Caspienne et autour de la mer d'Aral, et qui offre un mélange extraordinaire de steppes nues et de provinces très-fertiles. Cette contrée a été la patrie de nations guerrières (les Huns, les Alains, les Turcs, etc.), qui se sont répandues comme des torrents sur d'autres parties du globe, et les ont bouleversées. — Elle est divisée en plusieurs États, dont les principaux sont les khanats de *Boukharie* et de *Khiva*; villes principales : *Boukhara* ou *Bokhara*, et *Samarkand*, dans la Boukharie; *Khiva* dans le khanat du même nom, qui fait partie du pays de *Kharism*. — Le Turkestan indépendant renferme 4 à 5 millions d'habitants. Au nord, vit le peuple nomade des *Kirghiz*.

Au centre et dans l'est de l'Asie, sur le plateau central et sur une grande étendue du versant de l'océan Pacifique, on voit :

1° Le vaste empire Chinois, le plus peuplé du globe, un des plus civilisés, et le plus grand après l'empire Russe. Il occupe tout le plateau central et le bassin des fleuves Amour, Jaune, Bleu, et une grande partie de ceux de l'Iénisséi, du May-kang, du Brahmapoutre, de l'Indus. Il est enveloppé, d'un côté, par l'océan; de l'autre, par les hautes montagnes de l'Himalaya, du Bolor, du Thian-chan, de l'Altaï, du Tang-nou. Il renferme cinq contrées principales : la *Chine* (qui se compose de la Chine propre et de la Mandchourie); la *Corée*, la *Mongolie*, le *Turkestan chinois*, le *Tibet*. De toutes ces contrées, la plus importante est la Chine propre, qui se distingue par la beauté de son climat, la fertilité de son sol, son industrie, sa nombreuse population (évaluée à 300 ou 400 millions d'habitants), et qui est enveloppée au nord, l'espace de 2600 kilomètres, par le célèbre et inutile rempart connu sous le nom de *grande muraille*. Les autres parties de l'empire renferment des déserts et d'énormes montagnes, et le climat y est généralement froid. — La capitale est ***Péking***, ou plus exactement ***King-ssé*** ou ***Chun-thian***, dans la Chine propre, où l'on remarque aussi les très-grandes villes de ***Nan-king*** ou plutôt ***Kiang-ning***, de ***Sou-tcheou***, de ***Canton*** ou plutôt ***Kouang-tcheou***, de ***Hang-tcheou***. Les cinq ports de cette contrée où les Européens ont le droit de faire le commerce, sont : ***Chang-haï***, ***Ning-pho***, ***Hia-men***, ou ***Émouy***, ***Fout-tcheou*** et ***Canton*** (où les bâtiments européens ne peuvent aborder précisément, mais ils s'arrêtent à ***Houam-pou***, à quelque distance de la ville, à l'embouchure du Tigre ou Ta-kiang. — Les autres divisions chinoises n'ont pas de villes bien considérables : la capitale du Tibet est ***Lassa;*** celle de la Corée est ***Han-yang***; on remarque ***Ourga*** et ***Ili*** dans la Mongolie; ***Hami***, ***Kachghar*** et ***Yarkand***, dans le Turkestan chinois; ***Moukden***, dans la Mandchourie. — Ce sont les Mandchoux qui, depuis deux siècles, sont les maîtres de l'empire Chinois ; mais une grande révolution, qui agite en ce moment la Chine, tend à les expulser du pouvoir.

2° Le Japon, empire tout insulaire, placé à l'est de l'empire Chinois, et remarquable, comme celui-ci, par son antique civilisation. Il se compose principalement des îles de ***Nifon***, ***Kiou-siou***, ***Sikoko*** et ***Yéso*** ou ***Matsmaï;*** il y a deux empereurs (l'un spirituel, le daïri, et l'autre temporel, le koubo ou séogoun), et deux capitales, situées l'une et l'autre dans l'île de Nifon ; ce sont : ***Yédo***, résidence du koubo, une des plus grandes villes du monde, et ***Méaco***, résidence du daïri. ***Nagasaki***, dans l'île de Kiou-siou, est la seule ville ouverte aux étrangers, et les seuls étrangers admis sont les Chinois et les Hollandais. — On connaît peu la population du Japon : on croit qu'elle est d'environ 30 millions d'habitants.

Sur le versant de l'océan Indien, on remarque d'abord les deux presqu'îles de l'Inde.

L'Indo-Chine ou la presqu'île orientale de l'Inde, qui s'étend du nord au sud, dans la partie la plus méridionale de l'Asie, entre la mer de Chine, le golfe du Bengale et le détroit de Malacca, dans les bassins du May-kang, du Meïnam, du Salouen, de l'Iraouaddy et du Brahmapoutre, est partagée entre plusieurs nations : les *Anglais* en ont une partie ; — les *Birmans* y forment un empire, qui vient d'être beaucoup diminué par les conquêtes des Anglais, et dont la capitale est *Ava* ; — on y distingue aussi le royaume de *Siam*, capitale *Bangkok* ; — le royaume *An-nam* (comprenant la Cochinchine, le Tonkin, le Camboge), capitale *Hué* ; — et les petits États malais de la *presqu'île de Malacca*. La population de l'Indo-Chine s'élève à environ 25 000 000 d'habitants.

L'Hindoustan ou la presqu'île occidentale de l'Inde, qu'on appelle aussi simplement l'Inde, s'étend entre le golfe du Bengale et la mer d'Oman, au sud des monts Himalaya, et s'allonge en pointe vers le sud, où le cap Comorin en forme l'extrémité. C'est une région très-riche et très-peuplée, siége d'une fort ancienne civilisation, et dont beaucoup de nations ou de conquérants se sont disputé la possession. Elle renferme environ 150 000 000 d'habitants. Aujourd'hui les Anglais en ont les plus belles provinces, et leur capitale y est *Calcutta*, sur une branche du Gange. Les Français y possèdent *Pondichéry* et quelques autres villes; les Portugais, le territoire de *Goa*. (Voir les détails sur l'Inde, p. 42.)

On trouve ensuite le Béloutchistan, qui s'allonge de l'est à l'ouest, le long de la côte nord de la mer d'Oman ; il est tributaire des Anglais, et a pour capitale *Kélat*. Ce pays comprend à peu près 2 000 000 d'habitants.

Enfin la dernière contrée de l'Asie est l'Arabie, située à l'extrémité sud-ouest de cette partie du monde, entre la mer Rouge, le golfe Persique et la mer d'Oman. Elle offre d'affreux déserts dans l'intérieur, et des cantons assez fertiles sur les côtes. L'intelligente nation des Arabes, si puissante au moyen âge, s'est répandue dans un grand nombre d'autres régions. — L'Arabie est partagée en plusieurs États, dont les principaux sont ceux du sultan d'*Yémen*, du chérif de *La Mecque*, qui reconnaît la suzeraineté ottomane; du sultan de *Mascate*, qui étend sa domination sur une partie du sud de la Perse, et qui porte aussi le nom de sultan de Zanzibar, à cause d'une importante possession qu'il a en Afrique. — Les villes principales sont *La Mecque*, *Médine*, *Moka*, *Mascate*. — L'Arabie renferme environ 10 000 000 d'habitants.

Grandes divisions relatives aux races et aux religions. — La population de l'Asie s'élève de 500 000 000 à 600 000 000 d'habitants. Elle appartient à la race blanche ou caucasique dans la moitié occidentale et dans quelques parties du nord ; elle est de la race jaune ou mongolique dans la moitié orientale et chez un grand nombre de peuplades boréales. Parmi les peuples de la première race, il en est qui semblent s'en éloigner par leur couleur : tels sont les *Hindous*, qui ont une peau très-brune, mais qui, par les traits de leur visage, par leur conformation générale, se rapportent aux nations blanches; les autres peuples de cette race sont les *Arabes*, les *Persans* ou *Tadjiks*, les *Afghans* ou *Patans*, les *Turcs*, les *Kurdes*, les *Turcomans*, les *Ouzbeks*, les *Druzes*, les *Maronites*, les *Béloutchys*, les *Géorgiens*, les *Arméniens*, les *Grecs*, les *Lesghi*, etc. Il y a, dans la Transcaucasie et la Sibérie, des *Russes* et des *Cosaques*, et, dans l'Inde, un assez grand nombre d'*Anglais*, et des *Portugais noirs*, qui descendent d'un mélange de Portugais et d'Hindous.

A la race jaune appartiennent les *Mongols* (dont font partie les *Kalmouks*), les *Mandchoux*, les *Chinois*, les *Tibétains*, les *Japonais*, les *Coréens*, et divers petits peuples de la Sibérie, tels que les *Bachkirs*, les *Toungouses*, les *Iakoutes*, les *Ostiaks*, les *Samoïèdes*. On comprend sous le nom assez vague de *Tatares* (mieux que *Tartares*) des peuples répandus dans les régions centrales, occidentales et septentrionales, et formés d'un mélange de Turcs et de Mongols; tels sont les *Kirghiz*. — Les peuples de l'Indo-Chine, les *Birmans*, les *Siamois*, les *Cochinchinois*, les *Tonkinois*, tiennent à la fois des races jaune et caucasique. On trouve encore dans l'Indo-Chine, au sud-est, des populations *malaises* ; et il y a des habitants *nègres* dans les archipels Andaman et Nicobar.

L'Asie a vu sortir de son sein les nations qui ont peuplé ou conquis tout l'ancien continent, et probablement le globe entier. Elle fut le berceau des sciences, des arts, des idées religieuses, qui se sont répandus dans l'Occident et y ont enfanté une si brillante civilisation ; mais elle-même est restée stationnaire dans plusieurs de ses contrées, et dans d'autres elle a rétrogradé ; car les pays asiatiques occidentaux, d'où l'Europe a tiré ses lumières, sont aujourd'hui peu policés, et la Chine, le Japon, l'Inde, où une foule d'inventions curieuses ont pris naissance, et qui sont animés par une ingénieuse industrie, n'offrent pas de progrès dans leur civilisation : ils restent ce qu'ils étaient il y a plusieurs siècles.

Les principales langues de l'Asie sont l'arabe, l'arménien, le géorgien, le turc, le persan, le sanscrit (qui n'est plus parlé aujourd'hui), l'hindoustani, le chinois, le japonais, le tibétain, le birman, le siamois, le mandchou, le mongol, le malais.

La religion *mahométane* ou *musulmane*, née en Arabie, domine dans les parties occidentales, et s'étend jusque vers le centre et vers les extrémités méridionales. Elle se divise en deux sectes rivales : la secte d'Ali ou le ***chiisme***, qui domine en Perse, et la secte d'Omar ou le ***sunnisme***, qui règne surtout en Turquie.

Cette partie du monde fut aussi le berceau du *christianisme* et du *judaïsme*. Les chrétiens ne sont un peu nombreux que dans la Turquie d'Asie, le voisinage du Caucase, la Sibérie, l'Hindoustan ; ils appartiennent aux rites arménien, grec et maronite dans les trois premières de ces contrées ; ils sont catholiques et protestants dans la dernière ; enfin des missionnaires catholiques propagent activement leur religion dans la Chine et l'Indo-Chine. Le ***brahmisme***, qui doit son nom à l'un de ses dieux principaux, Brahma, domine dans l'Hindoustan ; le *bouddhisme*, qui tire le sien du dieu Bouddha, est répandu surtout en Chine, dans l'Indo-Chine et le Japon; la religion de *Nanek*, dans le nord de l'Hindoustan, participe du brahmisme et de l'islamisme. Le *lamisme*, qui considère la divinité supérieure comme subsistant éternellement dans la personne du Grand-Lama, souverain du Tibet, est la religion générale des pays élevés de l'intérieur. Le *chamanisme*, adoration des esprits malveillants, est répandu chez les peuplades du nord. Il y a, dans la Perse est l'Hindoustan, un assez grand nombre de *Parsis* ou *Guèbres*, adorateurs du feu.

Principales colonies européennes. — Description particulière des possessions anglaises de l'Inde. — Les Anglais ont, dans l'Inde, une immense colonie, ou plutôt un puissant empire; ils possèdent aussi *Aden*, en Arabie, et les îles de *Hong-kong* et de *Tchou-san*, en Chine. La France a, dans l'Hindoustan, ***Pondichéry***, ***Chandernagor***, ***Karikal***, ***Mahé, Yanaon.*** Les Portugais y ont conservé le territoire de *Goa*, avec les villes de la ***Vieille*** et de la *Nouvelle-Goa;* et ils ont *Macao* en Chine. La Russie comprend, en Asie, ses plus vastes possessions, mais elle n'y a qu'une faible population, à cause de la rigueur du climat.

Nous décrirons avec quelque détail la *colonie anglaise de l'Inde*, la plus puissante et la plus remarquable de toutes les colonies qui aient jamais été fondées. Elle s'étend à la fois dans l'Hindoustan et dans l'Indo-Chine; mais c'est dans l'Hindoustan surtout qu'elle a acquis des proportions gigantesques : là les Anglais possèdent immédiatement près de 100 000 000 d'habitants, et ils comptent environ 50 000 000 de vassaux. Ils ont, au nord, la province de ***Lahore*** (partie considérable de l'ancien État des Seykhs), celles de ***Dehly***, d'***Agrah***, ***Allah-abad***, de ***Bahar;*** — à l'est, sur le golfe du Bengale, les provinces de ***Bengale***, d'***Oryçah***, des ***Serkars***, de ***Karnatic*** (dont la côte se nomme ***Coromandel***); — à l'ouest, celles de ***Goudjérate***, d'***Aureng-abad***, de ***Beydjapour***, de ***Kanara***, de ***Malabar***.

Une autre partie est sous leur protection ou leur paye

un tribut : dans cette catégorie, se trouvent les *Seykhs du Cachemire* et les *Radjepouts*, au nord; les *Mahrattes*, l'État de *Sindhyah* et l'État du *Nizam*, au milieu ; le *Sindhi*, à l'ouest ; l'État de *Maïssour*, au sud. Il n'y a plus qu'un État hindou assez considérable qui soit tout à fait indépendant : c'est le *Neypâl*.

Les possessions anglaises de l'Inde sont concédées pour un temps à la compagnie des Indes orientales, qui en a distribué l'administration en quatre présidences : celles de *Calcutta*, d'*Agrah*, de *Madras* et de *Bombay*.

Les villes principales des possessions immédiates des Anglais sont : dans le bassin de l'Indus, *Lahore*, ancienne capitale des Seykhs ; *Amretseyr*, métropole religieuse de ce peuple ; *Moultan*, sur l'Indus ; *Peychaver*, prise sur l'Afghanistan ;—dans le bassin du Gange, *Dehly*, ancienne capitale de l'empire de l'Inde, et encore aujourd'hui résidence d'un prince qui conserve le titre de Grand-Mogol ; *Agrah*, qui a été la résidence des empereurs de l'Inde ; *Allah-abad*, avec un temple fameux ; *Bénarès* (600000 hab.), la ville la plus savante des Hindous, sur le Gange ; *Patna*, sur le même fleuve ; *Calcutta* (600 000 hab.), grande et magnifique ville, capitale du Bengale et des possessions anglaises en Asie, sur l'Hougly, bras du Gange ; — sur la côte orientale du Dékhan (qui est la partie méridionale et triangulaire de la presqu'île), *Kétek* ; *Gangam*, *Madapolam* et *Mazulipatam*, connues par leurs étoffes de coton ; *Madras* (450 000 hab.), siége d'un immense commerce ; — sur la côte occidentale de la presqu'île, *Cochin*, *Calicut*, *Bombay* (200 000 hab.), située sur une petite île, et l'une des places les plus importantes de l'Asie ; *Surate*, fameuse par son commerce, sur le Tapty ; *Cambay*, au fond du golfe du même nom.

Dans les États tributaires ou alliés-protégés des Anglais, on remarque : dans le nord, *Cachemire* ou mieux *Kachmyr*, chez les Seyhks, célèbre par les beaux châles qu'on y fabrique; *Laknau*, capitale de l'État d'Aoude ; —à l'ouest, *Hayder-abad*, capitale du Sindhi, sur l'Indus ; — au centre, *Nagpour*, *Beydjapour* ou *Visiapour*, une autre *Hayder-*

abad, capitale de l'État du Nizam, et *Golconde*, fameuse par son dépôt de diamants.

Moulmeïn est le chef-lieu des établissements anglais dans l'Indo-Chine, dont les territoires principaux sont l'*Assam*, l'*Aracan*, le *Martaban*, le *Merghi*, le *Pégou*, qui a été conquis récemment sur les Birmans, et où se trouve le port important de *Rangoun*, à l'embouchure de l'Iraouaddy.

Près et au sud-est de l'Hindoustan, est la belle île de *Ceylan*, qui appartient à l'Angleterre; on y remarque le *pic d'Adam*, et les villes de *Colombo*, capitale de l'île, *Candy*, ancienne capitale, *Trinquemale*, *Pointe-de-Galles*, ports de mer. — Les *Laquedives* et les *Maldives*, au sud-ouest de l'Hindoustan, sont deux archipels composés de beaucoup de petites îles environnées de récifs : les premières reconnaissent la suprématie des Anglais, et les dernières sont indépendantes. — A l'ouest de la presqu'île de Malacca, est l'île du *Prince de Galles* ou *Poulo-Pinang*, qui appartient aux Anglais. — A l'extrémité méridionale de la même presqu'île, est l'île de *Singapour*, importante possession britannique, avec une grande ville du même nom, entrepôt d'un commerce considérable.

CHAPITRE IV.

AFRIQUE.

Limites, configuration générale, mers. — L'Afrique, située dans le sud-ouest de l'ancien continent, est une grande presqu'île jointe à l'Asie, vers le nord-est, par l'isthme de Suez; elle présente à peu près la forme d'un vaste triangle, dont le plus grand côté est à l'ouest, le second au nord-est, et le troisième au sud-est. Cette partie du monde est comprise entre le 37ᵉ degré de latitude nord et le 35ᵉ de latitude sud, et entre le 20ᵉ degré de longitude ouest et le 49ᵉ de longitude est. Sa longueur du nord au sud est d'environ 8000 kilomètres. C'est la troisième partie du monde pour l'étendue : on y compte 29 700 000 kilomètres carrés, dont 29 100 000 pour la partie continentale.

La *mer Méditerranée* la baigne au nord; l'*océan Atlantique*, à l'ouest; l'*océan Indien*, au sud-est et à l'est; la *mer Rouge*, enfoncement de cet océan, pénètre entre l'Afrique et l'Arabie. — Les côtes africaines sont uniformes et n'offrent pas de découpures comme celles de l'Europe et de l'Asie; cependant la Méditerranée y forme les golfes de la *Sidre* et de *Cabès* (*grande* et *petite Syrte* des anciens); l'océan Atlantique forme le golfe de Guinée, qui comprend ceux de *Bénin* et de *Biafra*. — Trois détroits se trouvent sur les limites de l'Afrique : le détroit de *Gibraltar*, au nord-ouest; le canal de *Mozambique*, au sud-est, entre l'île de Madagascar et le continent; et le détroit de *Bab-el-Mandeb*, à l'est, à l'entrée de la mer Rouge. — Les quatre extrémités de l'Afrique vers les points cardinaux sont : le cap *Blanc*, au nord; le cap des *Aiguilles*, au sud; le cap *Vert*, à l'ouest, et le cap *Guardafui*, à l'est. Il faut aussi remarquer, au nord, le cap *Bon*, assez près du cap Blanc; au sud, le cap de *Bonne-Espérance*; à l'ouest, un autre cap *Blanc*, au nord du cap Vert.

Montagnes, grands versants, fleuves et lacs. — Les montagnes d'Afrique sont encore peu connues : une des plus hautes chaînes est l'*Atlas*, au nord-ouest. — Dans la partie orientale, on trouve les montagnes de l'*Abyssinie*, dont les plus hautes parties sont les monts de *Sémen*; — au centre, d'anciens géographes nomment les montagnes de la *Lune* (en arabe *Djebel-el-Kamar*), dont la position est très-douteuse; on connaît, depuis peu de temps, un peu au sud de l'équateur, les monts *Kénia* et *Kilimandjaro*, couverts de neiges continuelles, et qui sont peut-être identiques avec ces montagnes de la Lune; — à l'ouest, sont les montagnes de *Kong*; — au sud-est, les monts *Lupata*; — au sud, les monts des *Maloutis* et les monts de *Neige* ou *Sneeuwberg*, et les monts *Nieuwveld*.

L'Afrique est, relativement au partage des eaux, divisée en quatre grandes régions naturelles; au nord, elle envoie ses eaux dans la Méditerranée, et l'on remarque de ce côté le *Nil*, formé par la jonction du *Nil Bleu*, qui vient de l'Abyssinie, et du *Nil Blanc*, dont on ne connaît pas encore les sources, mais qu'on a remonté récemment jusqu'au deuxième degré de latitude N.; — à l'ouest, elle verse ses eaux dans l'Atlantique : on y voit le *Sénégal*, la *Gambie*, le *Diali-ba*, *Kouara* ou *Niger*, qui reçoit la grande rivière *Tchadda*; le *Zaïre* ou *Coango*, la *Coanza* et le fleuve *Orange* ou *Gariep*; — à l'est, les fleuves coulent vers l'océan Indien, mais ils sont peu connus : quelques-uns des plus considérables sont, en remontant du S. au N., le *Zambèze* ou *Cuama*, le *Luvuma*, le *Loffih* ou *Lufudzi*, l'*Adi* ou *Saboki*, le *Dana* ou *Ozi*, le *Djob*.

Au centre, est un grand bassin qui ne paraît verser ses eaux dans aucune mer, et au milieu duquel est le grand lac *Tchad*; le *Yeou* et le *Chary* sont deux fleuves tributaires de ce lac.

Le lac *Dembéa* ou *Tana* est un autre grand lac, formé par le Nil Bleu. Le lac *Dibbie* est formé par le Niger. Il y a dans le nord, au pied de l'Atlas, un assez grand nombre de plaines salées qui se changent en lacs à l'époque des pluies : tel est le lac *Melrir*. Il existe, vers le dixième degré de latitude S., un lac considérable appelé *N'yassi*, le même sans doute que le long lac *Maravi* des anciennes relations. Plus loin dans l'intérieur, on prétend qu'il y a un grand lac nommé *Ouniamési*, et l'on a découvert récemment vers le 20e parallèle sud le lac *N'gami*, qui reçoit la rivière *Téogé*, et d'où sort la rivière *Zouga*, probablement tributaire de l'océan Indien.

Climat, sol, productions. — L'Afrique est la plus chaude des cinq parties du monde. Les côtes sont presque partout très-fertiles; mais l'intérieur a de grands déserts sablonneux et arides; on y remarque surtout le *Sahara*, le plus vaste désert du globe; cependant on rencontre çà et là des oasis et même de riches contrées tout entières au milieu de ces régions stériles. Du reste, il y a encore dans l'intérieur de l'Afrique beaucoup de parties qui nous sont inconnues.

Excepté le long de la Méditerranée et vers l'extrémité méridionale, les côtes sont fort malsaines. Dans toute la région renfermée entre les tropiques, les pluies sont périodiques ; elles se précipitent par torrents pendant plusieurs mois ; ensuite une sécheresse absolue règne à son tour. C'est du mois d'avril au mois de septembre qu'a lieu la saison des pluies au nord de l'équateur. Au sud de ce cercle, elle s'étend du mois d'octobre au mois de mars.

Le froment, le sorgho, l'orge, le dourah, le maïs, sont les principales céréales du nord de l'Afrique. Le riz est presque partout l'aliment le plus essentiel de la population. Le manioc, les ignames sont cultivés dans les parties équinoxiales ; le dattier se plaît dans les sables du nord ; les orangers, les citronniers, les cédratiers se voient principalement vers la Méditerranée ; les pamplemousses préfèrent le sud ; la vigne ne se montre guère qu'aux extrémités septentrionales et méridionales. Les autres végétaux sont le cocotier, le palmier élaïs (qui donne l'huile de palme), le bananier, l'acacia vrai (qui fournit la gomme arabique), le chi ou arbre à beurre, le baobab (le plus gros des arbres), le bombax, le figuier indien, le dragonnier, le séné, le cafier (indigène dans les contrées orientales), la canne à sucre, l'indigo, le cotonnier, etc.

On remarque parmi les principaux animaux : le chameau qui ne se trouve que dans le nord ; la girafe, le zèbre, l'éléphant, le rhinocéros, l'hippopotame, le singe chimpanzé, qui ne se trouvent que dans les parties moyennes et méridionales ; d'autres singes, le lion, le léopard, la panthère, l'hyène, le chacal, la gazelle et beaucoup d'autres antilopes, la civette, l'autruche, des grues, des coucous, des perroquets, l'ibis, le crocodile, des poissons volants (dans l'Atlantique), des sauterelles, qui font d'affreux ravages ; les fourmis blanches ou termites, qui sont également destructives; la redoutable mouche tsetsé, dans le sud et le centre ; des scorpions ; le corail (sur la côte septentrionale), etc.

L'Afrique est la partie de l'ancien continent la plus

riche en or : ce métal s'y trouve surtout sous la forme de poudre. Il y a du fer, du cuivre, de l'argent, etc. Le sel est commun dans les plaines désertes.

Contrées, principaux États, villes principales. — l'Afrique est divisée en dix-sept contrées principales, qu'on peut classer en six régions : 1° la région du Nil et de la mer Rouge; 2° la région de la Méditerranée ; 3° les pays baignés par l'Atlantique; 4° un pays entre l'Atlantique et l'océan Indien ; 5° les pays baignés par l'océan Indien; 6° les pays intérieurs qui ne sont baignés par aucune mer.

Trois pays sont situés dans la région du Nil et de la mer Rouge :

On voit d'abord, au nord, entre la mer Rouge et la Méditerranée, l'ÉGYPTE, fécondée par les débordements périodiques du Nil, qui la traverse du S. au N., et dont la vallée y est resserrée entre la chaîne Arabique, à l'E., et la chaîne Libyque, à l'O. Elle est fameuse par son ancienne civilisation, par ses intéressantes ruines, et gouvernée par un pacha qui est tributaire de l'empereur de Turquie. Elle est divisée en *haute*, *moyenne* et *basse Égypte*. C'est dans cette dernière que sont les villes les plus importantes du pays : *Le Caire*, capitale, sur le Nil; *Alexandrie*, port célèbre sur la Méditerranée et principal entrepôt du commerce maritime de l'Égypte ; *Rosette*, *Damiette*, situées chacune à l'embouchure de l'une des deux principales branches du Nil, qui forment le delta; *Aboukir*, place forte sur la Méditerranée ; *Suez*, port sur la mer Rouge. — On remarque aussi *Gizeh*, *Minieh*, dans la moyenne Égypte ; — *Syout*, *Girgeh*, dans la haute Égypte. Parmi les anciens monuments si nombreux, on distingue ceux des ruines de *Thèbes* et de *Denderah*, dans la haute Égypte, et les *Pyramides*, vers l'emplacement de *Memphis*, à peu de distance du Caire.

Tout ce qui se trouve, en Égypte, loin de la vallée ou du delta du Nil, est stérile et désert, excepté quelques oasis, dont les principales sont : la *Grande Oasis*, *la Petite Oasis* et l'oasis de *Syouah* (l'ancienne oasis d'*Ammon*), à l'ouest. La population est de 3 à 4 000 000 d'habitants.

Au sud de l'Égypte, on remarque la Nubie, partagée entre un grand nombre de divisions, dont les plus considérables sont : le *Dongolah*, capitale *Marakah* ou *Nouveau-Dongolah;* le *Halfây*, capitale *Khartoum*, au confluent des deux Nils ; le *Sennâr*, avec une capitale du même nom, sur le Nil Bleu ; le *Fazokl*, avec la ville de *Mohammed-ali-polis*, aussi sur le Nil Bleu. On comprend quelquefois le sud de la Nubie dans le *Soudan oriental*. La partie orientale de cette contrée renferme le grand désert de *Korosko* et le port de *Souakem*.

Au sud-est de la Nubie, est l'Abyssinie, pays montagneux et pittoresque, divisé en plusieurs États, parmi lesquels on distingue celui d'*Amhara*, qui a pour capitale *Gondar*, et dont les *Gallas* sont les maîtres ; celui de *Tigré*, capitale *Adoua ;* celui de *Choa*, capitale *Ankobar*. On y remarque aussi, sur la mer Rouge, le pays de *Dankali* et celui de *Samhara*, avec la ville maritime de *Massouah*, qui appartient au pacha d'Égypte.

La région de la Méditerranée se compose de la Barbarie, appelée aussi *Maghreb-el-Acsa* (extrémité de l'occident), longue contrée qui s'étend de l'est à l'ouest sur la côte méridionale de la Méditerranée ; elle est couverte, dans sa partie occidentale, par le mont Atlas, qui établit dans cette région trois divisions distinctes : au nord le *Tell*, riche en blé ; au milieu, les *plateaux*, riches en pâturages ; au sud, le désert, qui forme le *Sahara barbaresque*. Les pays barbaresques renferment : 1°, à l'est, la régence de *Tripoli*, très-étendue, mais peu peuplée, et gouvernée par un pacha qui reconnaît la suzeraineté de l'empereur de Turquie ; elle se compose du *Tripoli proprement dit*, du pays de *Barcah* ou de *Benghazy* et du royaume de *Fezzan* ; la capitale est *Tripoli*, sur la Méditerranée ; les autres villes principales sont *Benghazy*, ville maritime ; *Ghadamès*, dans une oasis, et *Mourzouk*, capitale du Fezzan, toutes deux rendez-vous de grandes caravanes ; — 2°, au milieu la régence de *Tunis*, qui s'étend du nord au sud, à l'ouest des Syrtes, et qui est gouvernée par un bey, dont la nomination doit être sanctionnée par l'empereur de Turquie; la capitale est *Tunis*, près d'un golfe du même nom et vers l'emplacement de l'ancienne *Carthage*; — 3° l'*Algérie*, importante colonie française, qui s'allonge de l'est à l'ouest, en face de la France; elle a pour capitale *Alger*, sur la Méditerranée; et pour autres villes principales *Oran*, *Bone*, *Philippeville*, *Bougie*, places maritimes; *Constantine*, dans l'intérieur (voir, pour les détails, la IIIe partie, Géographie de la France); — 4° l'empire de *Maroc*, placé à l'extrémité nord-ouest de l'Afrique, en face de l'Espagne, et baigné à la fois par la Méditerranée, le détroit de Gibraltar et l'Atlantique; la capitale est *Maroc*, et les autres villes sont *Fez*, *Méquinez*, dans l'intérieur; *Tanger*, *Tétouan*, *Larache*, *Salé*, *Mogador*, sur l'Atlantique. Les Espagnols y ont *Ceuta*, sur le détroit de Gibraltar, et quelques autres places maritimes.

Les pays baignés par l'océan Atlantique seul sont au nombre de six :

1° Le SAHARA, HEURG OU GRAND DÉSERT, qui s'étend au loin dans l'intérieur du continent, au sud de la Barbarie. Quelques oasis s'y présentent çà et là, entre autres celles de *Touat* et d'*Ahir*, et parmi les peuples qui les fréquentent, un des principaux est celui des *Touareg*. On applique le nom de désert de *Libye* à la partie orientale.

2° La SÉNÉGAMBIE, contrée fertile et très-chaude, qui tire son nom du Sénégal et de la Gambie. Les Français y ont d'importantes possessions, principalement sur le Sénégal : la capitale de leur colonie est *Saint-Louis*, sur une île de ce fleuve, et ils possèdent l'île de *Gorée*, près du cap Vert. Les Anglais et les Portugais ont aussi des établissements dans ce pays. Le reste de la contrée est partagé entre les peuples indigènes, tels que les *Yolofs*, les *Mandingues*, les *Foulahs*.

3° La GUINÉE SUPÉRIEURE ou l'OUANKARAH, qui s'étend le long de la côte septentrionale du golfe de Guinée. On y remarque : la côte de *Sierra-Leone*, qui appartient aux Anglais, et dont le chef-lieu est *Freetown*; — la côte des *Graines* ou du *Poivre*, où se trouve la petite république nègre de *Liberia*, fondée par les Américains pour les nègres affranchis ; — la côte d'*Ivoire* ou des *Dents*, où la France a les établissements de *Grand-Bassam* et d'*Assinie* ; — la côte d'*Or*, qui a pour villes principales *Coumassie*, capitale de l'empire d'Achanti ; *Cap-Corse* ou *Cape-Coast-Castle*, aux Anglais ; *Saint-George de la Mine*, aux Hollandais ; — la côte de *Dahomey* ou des *Esclaves* ; — la côte de *Bénin*, avec une assez grande ville du même nom ; — la côte de *Calabar* ; — celle de *Gabon*, où la France a un établissement.

4° La **Guinée inférieure**, située au sud-est de la Guinée supérieure, et qui occupe la côte depuis le cap Lopez jusqu'au cap Négro. On y trouve : le royaume de *Congo*, dont la capitale est *San-Salvador* ou *Banza-Congo* ; les royaumes d'*Angola* et de *Benguela*, presque entièrement soumis aux Portugais, et dont les capitales sont *Saint-Paul de Loanda* et *Saint-Philippe de Benguela*.

5° La **Cimbebasie**, pays stérile et peu connu, situé au sud de la Guinée inférieure, et qui doit son nom aux *Cimbebas*, un de ses peuples principaux.

6° La **Hottentotie** ou le pays des **Hottentots indépendants**. Cette contrée est arrosée par le fleuve Orange, et baignée à l'ouest par l'Atlantique, mais plus généralement composée de cantons intérieurs. On y remarque les *Korannas*, les *Griquas*, les *Namaquas*, les *Bosjesmans*, etc. Quelques-uns des Hottentots ont été convertis au christianisme. Les bœufs et les antilopes abondent dans ce pays.

La région située sur la limite de l'Atlantique et de l'océan Indien ne comprend que la colonie anglaise du **Cap**, province fertile et salubre, avantageusement placée à l'extrémité méridionale de l'Afrique, et terminée au sud-ouest par le célèbre cap de Bonne-Espérance, auquel elle doit son nom. Il y a beaucoup de colons hollandais, ou *Boers*, et un grand nombre de Hottentots. Les Anglais y ont joint récemment la côte de la Cafrerie jusqu'à la baie de Lagoa. La capitale de la colonie est *Le Cap*, en anglais *Cape-Town*, belle ville, la plus importante du sud de l'Afrique, près du cap de Bonne-Espérance; *Port-Natal* et *Victoria* sont les principaux endroits de la côte cafre.

Les pays baignés par l'océan Indien seul sont :

1° La CAPITAINERIE DE MOZAMBIQUE, généralement placée entre les monts Lupata et le canal de Mozambique, et traversée par le Zambèze. Elle appartient aux Portugais, et comprend, parmi ses principaux gouvernements, l'*Inhambane*, le *Sofala*, le *Mozambique propre* et le *Quérimbé*; elle a pour capitale *Mozambique*, sur une petite île du même nom. On y remarque, en outre, *Quilimane*, vers l'embouchure du Zambèze. Les indigènes de ce pays sont surtout d'origine cafre.

2° Le ZANGUEBAR, long pays situé au nord du Mozambique et traversé par l'équateur. Parmi les villes principales, on remarque : *Zanzibar*, dans l'île du même nom, résidence d'un sultan puissant qui possède Mascate, en Arabie, et qui a sous sa souveraineté presque toute la côte de Zanguebar; *Lammo*, *Brava*, *Magadoxo*, ports assez florissants. Les anciennes villes importantes de *Quiloa* et de *Mélinde* ne sont plus que des ruines. On remarque au nord de l'île de Zanzibar les belles îles de *Pemba* et de *Mombas* ou *Mombaza*, et au sud celle de *Monfia*. La population du Zanguebar est un mélange d'Arabes et de nègres; une grande partie de celle de la côte professe l'islamisme; le reste se compose de païens. On désigne en général les tribus de la côte sous le nom de *Souâhhély*. Parmi les tribus de ce pays, on distingue les *Ouasambara* et les *Ouanika*.

3° Le SOMAL ou le pays des SOMALIS, qui comprend la partie la plus orientale de l'Afrique, et renferme les contrées qu'on a longtemps désignées peu exactement sous les noms de royaume d'*Adel* et de côte d'*Ajan*. Les Somâlis sont d'origine arabe; ils ont pour ports principaux *Zeïlah* et *Barbora*. Le royaume d'*Hourour*, à l'ouest, est compris dans le Somâl, où l'on remarque aussi la tribu des *Adali*, qui a donné lieu à la dénomination d'*Adel*.

On remarque dans l'intérieur :

1° La NIGRITIE SEPTENTRIONALE ou le TAKROUR qu'on appelle aussi SOUDAN ou plutôt BELED-ES-SOUDAN (pays des nègres). Cette contrée s'étend des sables du Sahara aux montagnes de Kong et peut-être à celles de la Lune, et depuis la Nubie jusqu'à la Sénégambie ; le Niger en arrose la partie occidentale ; le lac Tchad se trouve vers le milieu. Le Takrour se divise en un grand nombre de royaumes et de pays : tels sont, en commençant par l'ouest, le pays des *Bambaras* (comprenant les royaumes de *Ségo* et de *Djenny*) ; le *Massina ;* le royaume de *Timbouctou*, *Tombouctou* ou mieux *Ten-Boktoue* ; le *Haoussa* ou *Afnau*, possédé par l'intelligente nation des *Fellans* ou *Fellatah ;* les royaumes de *Niffé*, de *Kong*, d'*Adamaoua ;* les royaumes de *Beghurmi*, de *Bournou*, de *Kanem*, vers le lac Tchad ; le *Ouadây*, le *Darfour ;* le *Kordofan* ou plutôt *Kordifal*, qui appartient au pacha d'Égypte ; le pays des *Dinkas* et celui des *Berrs*, sur le Nil Blanc. — Les villes les plus remarquables de ces divers pays sont : *Ségo*, capitale du royaume du même nom ; *Djenny* ou *Guinée*, qui a donné son nom à une grande partie de l'Afrique occidentale ; *Timbouctou*, très-commerçante, mais moins grande qu'on ne l'a cru longtemps ; *Sakkatou*, *Kano*, *Kachena*, dans le Haoussa ; *Kouka*, capitale du Bournou ; *Ouara*, capitale du Ouadây ; *Kobbé*, la principale ville du Darfour, dont la capitale est *Tendelty ;* *Obéid*, capitale du Kordofan.

2° La NIGRITIE MÉRIDIONALE, la région la moins connue de l'Afrique. C'est vers la partie orientale de cette contrée que s'élèvent les monts Kénia et Kilimandjaro, sur la frontière de Zanguebar. On n'y connaît guère que de nom le *Ninéanaï*, les *Cazembes*, le *Cassange*, le *Djagga*, l'*Oukambâni*, le *Gingiro*, le *Mono-Moézi* ou *Ouniamési*, le *Moukaranga*, le *Hoconga*, le *Miloua*, le *Bamba*.

3° La CAFRERIE INDÉPENDANTE, située au sud de la Nigritie méridionale, entre la colonie du Cap, la Hottentotie, le Mozambique et la Cimbebasie. Les Cafres, dont le nom, fort inexact, signifie simplement *infidèles* en arabe, se composent d'un grand nombre de petites nations, telles que les *Betjouanas*, les *Damaras*, les *Ovampos*, les *Zoulas*, etc.; on trouve aussi chez eux le *Monomotapa* ou mieux le *Motapa*, avec la ville de *Zimbaoé*. Les villes de *Machâou* et de *Litakou*, dans le pays des Betjouanas, sont les autres villes principales de la Cafrerie indépendante. Il y a, dans le sud-est surtout, un assez grand nombre de *Boers*, anciens colons hollandais, devenus des guerriers nomades. La Cafrerie de la côte est aujourd'hui comprise dans la colonie anglaise du Cap.

Population, races et religions. — On ne connaît guère la population de l'Afrique ; on l'évalue vaguement à environ 100 000 000 d'habitants. Quoique ceux du nord appartiennent à la race blanche ou caucasique, ils sont en général très-bruns, et quelques-uns même ont un teint noir, mais ils ont la physionomie des blancs : tels sont les *Maures*, les *Amazirghs*, *Berbères* ou *Kabyles* (auxquels appartiennent les *Touareg* et les *Foulahs*), les *Coptes* ou *Égyptiens* proprement dits, les *Nubiens*, les *Abyssins* ou plutôt *Éthiopiens*. Les *Fellatah* ou *Fellans*, les *Mandingues*, les *Gallas*, peuples considérables répandus dans les parties moyennes et dans l'ouest, ont le teint brun et rougeâtre, et sont peut-être d'origine malaise. Plusieurs nations asiatiques et européennes sont venues se mêler aux habitants indigènes du nord de l'Afrique : on remarque surtout les *Arabes* et les *Turcs*; il y a aussi, depuis la conquête de l'Algérie par la France, un assez grand nombre d'*Européens*.

Les autres habitants de l'Afrique sont des nègres, au front déprimé, aux joues proéminentes, au nez large et épaté, aux cheveux laineux. On les divise en trois branches :

1° Les *nègres du milieu et de l'ouest*, c'est-à-dire les plus noirs, tels que les *Yolofs*, les *Achantins*, les *Congues*, vers la côte, et les *Bournouais*, les *Fouriens* (habitants du Darfour), les *Kissour* (habitants du royaume de Timbouctou), les *Bambaras*, dans l'intérieur.

2° Les *nègres de l'est*, comme les *Macouas*, les *Djag-*

gas, les *Souâhhély*, les *Oua-Ngindo*, les *Ouakamba* (habitants du royaume de l'Oukambâni).

3° Les *Cafres*, dont la couleur est d'un gris d'ardoise, et qui sont intelligents et bien faits ; peut-être doit-on les rattacher à la race malaise.

4° Les *Hottentots*, qui ont la peau d'un jaune brun.

Beaucoup d'*Anglais*, de *Hollandais* et de *Portugais* se sont établis dans les régions du sud, et les *Arabes* sont assez nombreux sur la côte orientale : les *Somâlis* ne sont qu'une de leurs nations. Les *Malgaches*, habitants de Madagascar, paraissent faire partie de la race malaise.

La langue arabe est la plus répandue dans tout le nord de l'Afrique. Le berbère est parlé par un grand nombre de populations de l'Atlas et du Sahara ; le dialecte des Touareg se nomme targhi. Le turc est compris dans la plupart des villes qui avoisinent la Méditerranée. Le français se répand en Algérie ; l'anglais et le hollandais se parlent dans une grande partie du Cap. Il existe dans le nord-ouest de la Guinée supérieure une langue écrite appelée *Vé*. Du reste, il y a d'innombrables dialectes parmi les peuplades peu civilisées de l'Afrique.

Les Africains sont presque tous plongés dans la barbarie ; l'anthropophagie existe chez plusieurs tribus du sud ; un autre usage horrible est la vente des esclaves ; ce commerce se fait encore avec activité sur la côte occidentale, quoique les lois des nations éclairées le prohibent aujourd'hui. — Un grossier *fétichisme*, qui consiste dans l'adoration d'animaux et d'objets inanimés, est la religion du plus grand nombre des nègres. Le *mahométisme* est répandu dans le nord, dans une partie des contrées centrales, et sur une grande étendue des côtes de l'océan Indien. Les Coptes et les Abyssins sont presque les seuls indigènes qui professent le *christianisme*. Il y a dans les villes des côtes septentrionales un assez grand nombre de *juifs*.

Iles. — Colonies européennes. — Dans l'Atlantique, on remarque :

1° Les îles *Açores* (au Portugal), fertiles en excellents

fruits, mais exposées aux tremblements de terre. Les principales sont *Tercère* et *Saint-Michel*, et la capitale de l'archipel est *Angra*, dans l'île Tercère.

2° Les îles *Madère* (aussi au Portugal), dont les deux principales sont *Madère*, célèbre par son vin, et *Porto-Santo*. *Funchal* est la capitale de Madère.

3° Les *Canaries*, qui appartiennent aux Espagnols. La plus considérable est *Ténériffe*, célèbre par son haut pic volcanique; la seconde est *Canarie* ou la *Grande Canarie;* on remarque ensuite celles de *Palma*, de *Gomère*, de *Lancerote*, de *Fortaventure*, et la plus occidentale, l'île de *Fer*, fameuse parce que son méridien a été choisi par plusieurs nations comme le premier, pour le calcul de la longitude. La capitale de l'archipel est *Santa-Cruz*, dans l'île de Ténériffe; on remarque dans l'île de Canarie la ville de *Las Palmas*.

4° Les îles du *Cap-Vert* (aux Portugais), malsaines et exposées à de grandes sécheresses. Les principales sont : *Saint-Vincent*, siége du gouvernement, et *Sant-Iago*, la plus grande.

5° La petite île de *Gorée*, près du cap Vert (aux Français).

6° Les îles *Bissagos*, sur la côte de la Sénégambie. Elles appartiennent à des populations indigènes.

7° *Fernan-do-Po*, occupée par les Anglais, dans le golfe de Guinée.

8° L'île du *Prince* et celle de *Saint-Thomas* (aux Portugais), dans le même golfe.

9° *Annobon*, située au sud des trois précédentes et dépendante des Anglais, autrefois des Espagnols.

10° L'*Ascension* (aux Anglais), avec un bon port.

11° *Sainte-Hélène*, dépendante aussi de l'Angleterre, et si célèbre par l'exil et la mort de Napoléon. *James-town* en est le chef-lieu.

12° Le groupe de *Tristan-d'Acunha*, fort reculé vers le sud, et habité par une colonie anglaise.

Dans l'océan Indien, on trouve :

1° La grande île de *Madagascar* ou *Malgache*, qui s'allonge du nord-est au sud-ouest. Elle a de hautes montagnes dans son intérieur; les côtes en sont basses et malsaines, mais d'une fertilité prodigieuse. Les *Hovas* y sont le peuple dominant; leur capitale est *Tananarivou*, dans l'intérieur.

2° L'île *Sainte-Marie*, très-près et à l'est de l'île de Madagascar (aux Français); *Nossi-Bé* et *Nossi-Komba*, petites îles qui appartiennent aussi à la France, sur la côte nord-ouest de Madagascar.

3° L'île de la *Réunion* ou *Bourbon*, belle île française; chef-lieu, *Saint-Denis*.

4° *Maurice* (ci-devant l'*île de France*), autre précieuse colonie, autrefois aux Français, maintenant à l'Angleterre; chef-lieu, *Port-Nord-Ouest* (ci-devant *Port-Louis*).

5° L'île *Rodrigue*, aussi à l'Angleterre.

(Les trois îles précédentes sont désignées quelquefois sous le nom commun d'îles *Mascareignes*.)

6° Les îles *Comores*, dont les principales sont la *Grande-Comore*, *Johanna* et *Mayotte*. Elles sont situées dans le nord du canal de Mozambique, et gouvernées par des sultans arabes, excepté *Mayotte*, qui dépend de la France.

7° *Monfia*, *Zanzibar*, *Pemba* et *Mombaza*, soumises aux Arabes, sur la côte de Zanguebar.

8° Les îles *Seychelles*, composées de deux groupes, celui de *Mahé* et celui des *Amirantes*, et dépendantes des Anglais.

9° L'île *Socotora* ou *Socotra*, située vers la pointe orientale de l'Afrique, et appartenant au sultan de Zanzibar.

10° La terre de *Kerguelen* ou de la *Désolation*, île inhabitable, placée bien loin au sud-est de l'Afrique, par 49° de latitude sud et 68° de longitude est.

Indépendamment des colonies insulaires que nous venons de faire connaître, les Européens ont en Afrique plusieurs importantes possessions : les Français ont, comme nous l'avons déjà vu, l'*Algérie*, une partie de la *Sénégambie* (*Saint-Louis*, *Gorée*, *Albréda*, etc.), et quelques établissements dans la *Guinée* (ceux d'*Assinie*, de *Grand-Bassam* et de *Gabon*); — les Anglais en possèdent aussi quelques-uns dans ces deux dernières contrées (principalement *Bathurst*, dans la Sénégambie, et les îles de *Loss*, la côte de *Sierra-Leone* et *Cap-Corse*, dans la Guinée); mais leur principale colonie africaine est celle du *Cap;* — les Portugais ont le *Benguela* et l'*Angola*, dans la Guinée inférieure, une partie de la *Sénégambie méridionale* (*Géba*, *Cachéo*, etc.), et la capitainerie de *Mozambique;* — les Espagnols ont dans le Maroc *Ceuta*, *Melilla* et quelques autres *présides* (forteresses).

CHAPITRE V.

AMÉRIQUE EN GÉNÉRAL.

Limites, configuration générale, mers. — L'Amérique s'allonge du nord au sud, l'espace de plus de 15 000 kilomètres, entre l'Atlantique, à l'est, et le Grand océan, à l'ouest, et se termine au sud par une longue pointe, à l'extrémité de laquelle est le cap Horn. Au nord, elle est baignée par l'océan Glacial, où se trouvent plusieurs terres encore très-imparfaitement explorées. L'Amérique s'arrête vers le sud à 56° de latitude méridionale, et l'on s'y est avancé au nord jusque vers 80° de latitude septentrionale; elle est comprise entre 20° et 171° de longitude ouest.

L'Amérique a, dans sa partie continentale, 37 980 000 kilomètres carrés; *avec ses îles* connues, elle en compte 42 500 000, et forme ainsi la plus grande partie du monde; elle se rétrécit beaucoup vers le milieu, où sa partie la plus étroite n'a que 45 kilomètres de largeur et porte le nom d'isthme de *Panama*. Ce qui se trouve au nord de cet isthme est l'*Amérique septentrionale;* ce qui est au sud forme l'*Amérique méridionale*. A l'est, s'étend le vaste archipel des *Antilles*, qui constitue une division dictincte des deux Amériques.

Les côtes de l'Amérique septentrionale sont très-irrégulières, et offrent de grandes presqu'îles telles que le *Labrador*, au nord-est, la *Nouvelle-Écosse*, à l'est, la *Floride* et le *Yucatan*, au sud, la *Californie* et l'*Alaska*, à l'ouest. A son extrémité ouest, est le cap *Occidental;* à son extrémité orientale se trouve le cap *Charles*. Dans le nord-est de cette Amérique, s'étend le *Groenland*, dont le nord est encore inconnu, et qui paraît être une grande île.

Les côtes de l'Amérique méridionale sont uniformes, comme celles de l'Afrique; aux quatre points cardinaux, s'y présentent le cap *Gallinas*, le cap *Saint-Roch*, le cap *Blanc*, le cap *Horn*, qui est à l'extrémité de la Terre de Feu; cependant le cap *Froward* est la véritable extrémité méridionale du continent.

On voit pénétrer dans les terres de l'Amérique septentrionale, vers le nord et le nord-est, du côté de l'océan Glacial et de l'Atlantique, la mer *Polaire* la mer de *Baffin*, le détroit de *Davis*, la mer d'*Hudson*, le détroit de *Lancastre*, le détroit de *Barrow*, le canal *Wellington*, le golfe *Saint-Laurent;* et entre les deux Amériques s'ouvre un vaste enfoncement qui s'appelle, au nord, *golfe du Mexique*, et, au sud, *mer des Antilles*.

Du côté du Grand océan, on voit le golfe de *Panama*, à l'opposé de la mer des Antilles; le long golfe de *Californie*, appelé aussi mer *Vermeille* ou *de Cortez*, et, beaucoup plus loin vers le septentrion, la mer de *Béring*, au nord de laquelle est le détroit du même nom, placé entre la pointe nord-ouest de l'Amérique et la pointe nord-est de l'Asie.

Dans l'Amérique méridionale, les seuls enfoncements dignes de remarque sont les golfes de *Guayaquil* et de *Guaiteca*, sur la côte occidentale. On voit au sud le détroit de *Magellan*, qui sépare la *Terre de Feu* du continent.

Grandes chaînes de montagnes, et grands versants. — L'Amérique est traversée dans toute sa longueur par une chaîne de montagnes, qui prend successivement les noms de monts *Rocheux*, *Cordillère du Mexique*, *Cordillère de Guatemala*, *Cordillère des Andes*. Cette chaîne, qui forme une grande arête de partage des eaux entre le versant du Grand océan, d'un côté, et celui de l'océan Glacial arctique et de l'océan Atlantique, de l'autre, longe généralement la côte du Grand océan. Le versant de cet océan est donc presque partout étroit; l'autre versant comprend un vaste espace.

Près de l'Atlantique, courent aussi, parallèlement à la côte, des chaînes assez longues, mais moins élevées : tels sont les monts *Alleghany*, dans l'Amérique du nord; la *Serra do Espinhaço*, dans l'Amérique du sud. Entre les chaînes des deux côtes, s'étendent d'immenses plaines, où coulent les plus grands fleuves du monde : tel est le *Mississipi*, dont le bassin occupe toute la partie moyenne de l'Amérique du nord; tel est aussi l'*Amazone*, dont le bassin comprend la partie moyenne de l'Amérique du sud.

Climat, sol, productions.— L'Amérique a des climats extrêmement variés. Elle éprouve au nord la température la plus rigoureuse; des vents froids et orageux règnent vers son extrémité sud. Le climat est fort chaud dans les parties moyennes, qui appartiennent à la zone torride. En général, l'humidité domine dans le sol et l'atmosphère de l'Amérique, et la température y est moins élevée que dans l'ancien continent, à latitude égale. Il y a dans les régions équinoxiales des pluies périodiques analogues à celles de l'Afrique. Les mines d'argent et d'or de l'Amérique sont les plus riches du monde. L'Amérique méridionale a d'importantes mines de diamants, d'émeraudes, de platine, de cuivre.

La végétation est très-variée et très-belle. Dans le nord, on remarque le magnolia, le tulipier, l'acacia, le sassafras, des sapins gigantesques, les cyprès, les cèdres de Virginie, les chênes, les érables, etc. Dans les parties équinoxiales, le cotonnier, le cafier, la canne à sucre, le cacaoyer, l'indigotier, l'agave, le bananier, l'igname, le manioc, la vanille, le riz, le cactus, les palmiers, les bois de teinture, l'acajou, le quinquina. C'est la patrie de la pomme de terre et du tabac.

Les animaux domestiques d'Europe se sont partout multipliés en Amérique. Les principaux animaux essentiellement américains sont : dans le nord, des élans, des rennes, des ours, des bisons, des castors, des hermines, des martes, des renards, des loutres; dans les parties équatoriales, le lama, la vigogne, l'alpaca, le jaguar, le couguar ou tigre rouge, le condor ou vautour des Andes, les colibris, les oiseaux-mouches, etc. ; dans le sud, le nandou ou l'autruche américaine.

Population, races et religions. — La population de l'Amérique est d'environ 50 000 000 d'habitants. Une grande partie de cette population est d'origine européenne, et appartient surtout aux nations *espagnole*, *portugaise*, *française* et *anglaise*. Des *nègres* transportés d'Afrique comme esclaves forment une autre grande partie de la population. Les *indigènes américains*, au teint d'un rouge de cuivre, ont reçu le nom général d'*Indiens*, parce que, à l'époque de la découverte de l'Amérique par Colomb, on prit ces terres nouvelles pour des parties de l'Inde les plus avancées vers l'est : ils sont peut-être les descendants d'anciennes colonies de la race jaune ou mongolique; du moins les Esquimaux, qui habitent les contrées les plus septentrionales, appartiennent certainement à cette race.

On nomme *sang mêlé* la population formée du mélange des différentes races : tels sont les *métis*, nés de blancs et d'indigènes; les *mulâtres*, nés de blancs et de nègres; les *quarterons*, nés de blancs et de mulâtres. On appelle *gens de couleur* les nègres, les mulâtres, les quarterons et tous ceux qui tiennent plus ou moins au sang africain.

Longtemps l'Amérique a appartenu à différentes puissances d'Europe; mais la plupart des colonies ont secoué le joug de leur mère patrie, et le gouvernement républicain y domine aujourd'hui. La religion catholique règne dans les parties centrales et méridionales. La religion protestante est principalement répandue dans le nord.

CHAPITRE VI.

AMÉRIQUE SEPTENTRIONALE.

Montagnes, fleuves, lacs et plaines. — Une grande chaîne de montagnes s'étend dans toute la longueur de l'Amérique septentrionale, en séparant les eaux tributaires du Grand océan de celles qui se rendent dans l'Atlantique, l'océan Glacial et leurs divisions : elle porte dans le nord le nom de monts *Rocheux;* au sud, elle forme la *Sierra Verde*, la *Sierra Madre*, la *Cordillère d'Anahuac*, qu'on appelle dans leur ensemble la *Cordillère du Mexique*, et, plus au sud encore, on voit la *Cordillère de Guatemala*. Plusieurs volcans brûlent dans cette chaîne, surtout vers le sud, où l'on remarque ceux de *Popocatépetl* et d'*Orizaba*.

Une autre chaîne, qui s'élève plus près du Grand océan, présente le volcan de *Saint-Élie*, et, beaucoup plus au sud, dans la Californie, la *Sierra Nevada*, riche en or.

On remarque dans la partie orientale les monts *Alleghany* ou *Apalaches*, qui se dirigent du nord-est au sud-ouest.

Parmi les fleuves principaux du versant à l'est des monts Rocheux, le *Mackenzie*, le fleuve de la *Mine de cuivre*, le *Back*, se rendent dans la mer Polaire; le *Churchill* ou *Missinnipi*, dans la mer d'Hudson ; le *Saint-Laurent*, dans le golfe du même nom ; le *Mississipi*, grossi du *Missouri*, dans le golfe du Mexique; le *Rio Grande del Norte*, dans le même golfe.

Les principaux fleuves du versant occidental sont : la *Columbia* ou *Orégon*, le *Sacramento*, qui se jettent directement dans le Grand océan; le *Rio Colorado*, tributaire de la mer Vermeille; le *Rio Grande del Sur*, qui tombe dans l'océan près et au sud de l'entrée de la mer Vermeille.

Il y a dans l'Amérique septentrionale un grand nombre

de lacs, surtout vers le nord, où l'on remarque le lac du *Grand-Ours*, le lac de l'*Esclave*, le lac *Athabasca* ou des *Montagnes*, qui versent leurs eaux dans le Mackenzie; le lac *Ouinipeg* qui s'écoule dans la mer d'Hudson; le lac *Supérieur* (le plus grand du globe après la mer Caspienne) et les lacs *Michigan*, *Huron*, *Érié* et *Ontario*, qui communiquent les uns aux autres et qui versent leurs eaux dans la mer par le Saint-Laurent. Au sud, dans la partie resserrée entre le Grand océan et la mer des Antilles, on voit le lac de *Nicaragua*, qui envoie ses eaux à cette mer par la rivière *San-Juan*.

Les grandes plaines qu'on rencontre dans l'Amérique septentrionale sont presque partout des *savanes*, c'est-à-dire des prairies couvertes de hautes herbes.

Contrées et États, îles, colonies européennes, villes principales. — Les contrées de l'Amérique septentrionale sont au nombre de six principales :

1° Au nord-est, est la colonie danoise du GROENLAND, contrée triste et froide, dont on ne connaît pas les limites septentrionales et dont les indigènes sont les *Esquimaux* ou *Karalits*. *Julianeshaub*, sur la côte occidentale, est le lieu principal de la colonie. — On rattache au Groenland l'importante île d'*Islande*, et l'archipel inhabité du *Spitzberg*, qui est la région connue la plus avancée vers le nord.

2° Au nord, se trouve l'AMÉRIQUE SEPTENTRIONALE ANGLAISE ou la NOUVELLE-BRETAGNE, qui s'étend depuis l'océan Atlantique jusqu'au Grand océan. Elle renferme environ **2 000 000** d'habitants. La mer d'Hudson s'y enfonce très-profondément au nord-est; à côté et à l'est de cette mer, on voit le *Labrador*; au sud-est, vers le fleuve et le golfe Saint-Laurent, se trouvent le *Canada*, le *Nouveau-Brunswick*, la *Nouvelle-Écosse* ou *Acadie*, riches et importantes provinces. Les régions intérieures n'ont été encore qu'imparfaitement explorées. L'île de *Terre-Neuve*, celle de *Saint-Jean* ou du *Prince-Édouard* et l'île de *Cap-Breton* ou île *Royale* dépendent, à l'est, de la Nouvelle-Bretagne; l'île *Nootka* ou *Quadra-et-Vancouver* et l'île de la *Reine-*

Charlotte, riche en or, en font partie à l'ouest; au nord, sont des terres froides et très-peu connues, comme la presqu'île *Melville*, la terre de *Cumberland*, la terre de *Baffin*, la *Boothia*, l'île *Cockburn*, le *Devon septentrional*, le *Somerset septentrional*, la terre du *Prince de Galles*, les îles *Parry* (dont fait partie l'île *Melville*) et l'île *Baring*. — *Québec*, capitale du Canada, et *Montréal*, dans le même pays, peuplées de 30 à 40 000 habitants, et situées l'une et l'autre sur le Saint-Laurent, sont les deux plus grandes villes de l'Amérique septentrionale anglaise. On remarque aussi *Halifax*, port florissant de la Nouvelle-Écosse; *Saint-Jean*, à l'embouchure du fleuve du même nom, dans le Nouveau-Brunswick; une autre *Saint-Jean*, dans l'île de Terre-Neuve; *Louisbourg*, dans l'île de Cap-Breton. — Le commerce des fourrures est l'un des plus importants de ces contrées: il est surtout entre les mains de la grande compagnie de la Baie d'Hudson, qui a des relations avec les nombreuses tribus indiennes répandues dans l'intérieur, comme les *Iroquois*, les *Hurons*, les *Algonquins*, les *Chippeways* ou *Ojibbe-was*, les *Assiniboines*, les *Knistinaux*, les *Esquimaux*. — La France, qui avait autrefois les parties orientales de la Nouvelle-Bretagne, n'y a conservé que les petites îles *Saint-Pierre* et *Miquelon*, près et au sud de Terre-Neuve.

3° La Russie américaine ou Amérique russe est à l'extrémité nord-ouest de l'Amérique septentrionale, en face de la Sibérie, dont le détroit de Béring la sépare. Les côtes de ce pays et les nombreuses îles qui les bordent sont la seule partie fréquentée et connue des Européens. La population en est presque uniquement composée de peuplades sauvages. La presqu'île d'*Alaska*, les îles *Aléoutiennes* et l'archipel du roi *George III* en font partie. C'est dans ce dernier que se trouve la *Nouvelle-Arkhangel*, chef-lieu des possessions russes en Amérique.

4° Les États-Unis occupent le milieu de l'Amérique du nord. Nous les décrirons spécialement plus loin.

5° Le Mexique, longtemps appelé aussi *Nouvelle-Espagne*, est une ancienne colonie espagnole qui forme aujourd'hui une république, dans le sud de l'Amérique septentrionale ; il est resserré entre le golfe du Mexique, à l'est, et le Grand océan, à l'ouest, et se rétrécit considérablement vers le sud, où il n'a que 180 kilomètres de largeur, à l'isthme de *Téhuantépec*. On y remarque, à l'est, la grande presqu'île de *Yucatan*, et, à l'ouest, celle de *Californie*. — Le Mexique est traversé dans toute sa longueur par la grande chaîne de montagnes qui divise l'Amérique en deux versants généraux. Il a, vers le milieu, une douce température, à cause de la grande élévation du sol : mais, vers les côtes, le climat est trop chaud. Il est fertile en bananiers, manioc, pommes de terre, ignames, patates douces, tomates, agaves, ananas, cannes à sucre, cotonniers, palmiers, cacaoyers, vanille, jalap, bois de Campêche, acajou, nopal à cochenille, etc. Il y a dans ce pays des mines inépuisables d'argent et d'or. — Les villes les plus remarquables sont : ***Mexico*** (200 000 hab.), capitale de la république, dans une belle vallée ; ***Guadalaxara, La Puebla, Guanaxuato***, avec les plus riches mines d'argent du monde ; ***Queretaro; La Vera-Cruz***, la principale ville maritime de la côte orientale du Mexique ; *Campêche*, connue par son bois de teinture, sur une baie du même nom ; *Acapulco*, ***Mazatlan***, ports de la côte occidentale. On trouve au Mexique un grand nombre de ruines de monuments construits par un peuple dont on ignore l'histoire, mais qui était certainement plus avancé dans la civilisation que les Indiens actuels de ce pays. La population de la république est d'environ 6 000 000 d'habitants ; elle est en grande partie composée d'anciens ***Espagnols*** et d'Indiens de la famille des ***Aztèques***.

6° **L'Amérique centrale**, qui est la partie la plus méridionale de l'Amérique du nord, a formé longtemps une colonie espagnole sous le nom de capitainerie-générale de Guatémala, et compose aujourd'hui cinq républiques distinctes : celle de ***Guatémala***, la plus importante, avec une population de 900 000 hab.; et celles de ***Honduras***, ***San-Salvador***, ***Nicaragua*** et ***Costa-Rica***. On y remarque la rivière *Saint-Jean* ou *San-Juan*, qui sort de l'extrémité orientale du lac de *Nicaragua*. Ce lac reçoit au nord-ouest les eaux du lac de *Léon* ou de *Managua*, et ne se trouve qu'à 22 kilomètres du Grand océan, auquel on travaille à l'unir par un canal.

Les villes principales sont : *Guatémala* (60 000 hab.), capitale de la république de Guatémala, près du Grand océan ; *Comayagua*, capitale du Honduras ; *San-Salvador*, capitale de la république du même nom ; *Léon*, capitale du Nicaragua ; *San-José de Costa-Rica*, capitale de l'État de Costa-Rica.

Outre les cinq républiques, l'Amérique centrale comprend, à l'est, le royaume des *Mosquitos*, peuple sauvage, qui s'est placé sous la suzeraineté britannique et chez qui se trouve le port de *San-Juan* ou *Greytown*. — Elle a une population totale d'un peu plus de 2 000 000 d'habitants.

Population, races. — La population de l'Amérique du nord est d'environ 35 000 000 d'habitants ; la plus grande partie se compose d'*Anglo-Américains*, appelés aussi simplement *Américains* : on désigne ainsi ceux qui, dans les États-Unis, sont d'origine anglaise ; il y a aussi, dans ces mêmes États, des *Français*, des *Allemands* et des *Espagnols*. Les habitants d'origine *espagnole* sont nombreux dans le Mexique et l'Amérique centrale ; il y a des *Anglais* et des *Français* dans les possessions britanniques du nord (autrefois à la France) ; des *Russes* sur les côtes nord-ouest ; des *Danois* dans le Groenland ; des *nègres*, les uns libres, les autres esclaves, dans les États-Unis, le Mexique et l'Amérique centrale ; enfin, il y a de nombreux *Indiens*, les uns sauvages, d'autres demi civilisés, quelques-uns, comme dans plusieurs parties du Mexique et des États-Unis, convertis au christianisme et soumis aux usages des blancs.

Description particulière des États-Unis. — Les États-Unis sont la plus vaste confédération et la plus puissante république du monde ; ils occupent le milieu de l'Amérique septentrionale, et s'étendent depuis l'Atlantique, à l'est, jusqu'au Grand océan, à l'ouest. Ils sont baignés au sud par le golfe du Mexique, et au nord par les lacs Supérieur, Michigan, Huron, Saint-Clair, Érié, Ontario, et le cours supérieur du Saint-Laurent. Ils ont 4500 kilomètres de longueur de l'est à l'ouest, 2200 kilomètres de largeur du nord au sud, et ils égalent en superficie l'étendue de l'Europe.

La plus haute chaîne des États-Unis est celle des monts *Rocheux*, qui court du nord au sud dans la partie occidentale de la confédération.

Les monts *Alleghany* ou *Apalaches*, dans la partie orientale, sont formés de plusieurs chaînes parallèles, dirigées du nord-est au sud-ouest.

Le *Mississipi* traverse du nord au sud les États-Unis, et se jette dans le golfe du Mexique, après un cours de plus de 4500 kilomètres. Il reçoit, à droite, le *Missouri*, qui descend des monts Rocheux, se grossit de la *Plate*, du *Kansas*, etc., et a un cours de 5000 kilomètres; il reçoit encore, du même côté, l'*Arkansas*, la *rivière Rouge*; — à gauche, l'*Illinois*, l'*Ohio*, grossi lui-même du *Wabash* et du *Tennessee*.

Parmi les cours d'eau qui coulent à l'est des monts Alleghany et se jettent dans l'Atlantique immédiatement, les principaux sont : le *Connecticut*, l'*Hudson*, la *Delaware*, la *Susquehanna*, le *Potomac*, la *Savannah*. A l'ouest des monts Rocheux, se trouvent l'*Orégon* ou *Columbia* et le *Sacramento*, qui se rendent directement dans le Grand océan, et le *Rio Colorado*, qui se jette dans la mer Vermeille.

Des différents canaux naturels qui font communiquer entre eux les lacs du nord, le plus célèbre est le *Niagara*, qui verse les eaux du lac Érié dans le lac Ontario, et qui forme une magnifique cataracte.

La plus grande partie de cette république est comprise dans l'immense bassin du Mississipi, qui s'étend entre les monts Rocheux et les monts Alleghany; ce bassin présente, à l'est du fleuve, une riche contrée, arrosée par de magnifiques cours d'eau, entrecoupée de collines et de vallées, où l'on voit tantôt de superbes forêts, tantôt des prairies d'une fécondité admirable ; à l'ouest, il offre de vastes savanes, couvertes de hautes herbes et traversées par de larges rivières aux rives marécageuses et boisées. Entre les monts Alleghany et l'Atlantique, s'étend le territoire le mieux cultivé et le plus peuplé, traversé par de nombreux tributaires de l'océan, et composé tantôt de belles vallées, tantôt de plaines marécageuses et sablonneuses. Entre les monts Rocheux et le Grand océan, le sol est parsemé de montagnes couvertes des plus majestueuses forêts.

Le nord des États-Unis a une température semblable à celle de l'Europe septentrionnale ; le sud est aussi chaud que le nord de l'Afrique. Sur les côtes de l'Atlantique et dans une grande partie de l'intérieur, les étés sont fort chauds et les hivers très-rigoureux. La température est plus égale dans la région comprise entre les monts Rocheux et le Grand océan.

Il y a, dans les États-Unis, une population d'environ 23 000 000 d'habitants ; cette population s'accroît avec une grande rapidité ; elle appartient à des nations très-diverses : les habitants d'origine anglaise, désignés aujourd'hui sous le nom spécial d'Américains, sont en majorités ; il y a ensuite beaucoup d'Irlandais, d'Écossais, d'Allemands, de Français et d'Espagnols. Les nègres et autres gens de couleur sont au nombre d'à peu près 3 000 000, dont 350 000 seulement sont libres. Les Indiens, dont le nombre sans cesse décroissant est d'environ 400 000, comptent, parmi leurs principales tribus, les *Creeks*, les *Chérokis*, les *Choctas*, les *Chicasas*, les *Iroquois*, les *Wisconsins*, les *Chippeways* ou *Objib-be-was*, les *Osages*, les *Missouris*, les *Delawares*, les *Ioways*, les *Sioux* ou *Dahcotas*, les *Pânis*, les *Mandanes*, les *Pieds-Noirs*, les Indiens *Serpents*.

Les États-Unis se composent de trente-et-un États, qui forment autant de républiques distinctes, ayant leurs lois particulières et leurs administrations spéciales pour toutes les affaires purement locales ; mais les grands intérêts de la confédération sont confiés à un gouvernement électif, composé d'un président, qui possède la puissance exécutive, et d'un congrès de deux chambres législatives, savoir : le sénat et la chambre des représentants. Le président est élu pour quatre ans, les sénateurs pour six ans et les représentants pour deux ans.

On distingue les trente-et-un États en ***États de l'est***, ***États du milieu***, ***États du sud*** et ***États de l'ouest***.

États de l'est : ***Maine***, ***New-Hampshire***, ***Vermont***, ***Massachusetts***, ***Rhode-Island***, ***Connectitut***. C'est ce qu'on appelait autrefois la **Nouvelle-Angleterre**.

États du milieu : ***New-York***, ***Pennsylvanie***, ***New-Jersey***, ***Delaware***.

États du sud : ***Maryland***, ***Virginie***, ***Caroline du nord***, ***Caroline du sud***, ***Géorgie***, ***Floride***, ***Alabama***, ***Mississipi***, ***Louisiane***, ***Texas***. Le petit district de ***Columbia***, siége du gouvernement, est entre les États de Maryland et de Virginie.

États de l'ouest : ***Tennessee***, ***Kentucky***, ***Ohio***, ***Michigan***, ***Indiana***, ***Illinois***, ***Wisconsin***, ***Missouri***, ***Arkansas***, ***Iowa***, ***Californie***.

Il y a, en outre, six ***territoires***, qui n'ont pas assez d'importance pour avoir le titre d'États : ce sont le ***Nouveau-Mexique***, l'***Utah***, l'***Orégon***, le ***Minnesota***, le ***Nébraska*** et le territoire ***Indien***.

Villes principales :

Dans le district de Columbia, ***Washington***, capitale de la confédération, sur le Potomac, très-grande ville, mais qui n'a encore qu'environ 25 000 habitants ; on y remarque le bel édifice du Capitole, où siége le congrès.

Dans les États de l'est : ***Boston*** (140 000 hab.), chef-lieu du Massachusetts, avec un beau port ; ***Cambridge***, près de Boston, avec une célèbre université ; ***Lowell***, ville très-industrieuse, dans le même État.

Dans les États du milieu : ***New-York***, port fameux, dans l'État du même nom, à l'embouchure de l'Hudson, première ville de l'Amérique par la population (500 000 hab.), le commerce et la richesse; *Brooklyn* (100 000 hab.), située sur l'île Long-Island, vis-à-vis de New-York; *Albany*, chef-lieu de l'État de New-York; *Philadelphie* (400 000 hab.), très-belle et grande ville, dans la Pennsylvanie, sur la Delaware, près de son embouchure; *Pittsburg*, la ville la plus industrieuse d'Amérique, sur l'Ohio, aussi dans la Pennsylvanie.

Dans les États du sud : *Baltimore* (170 000 hab.), port très-commerçant, sur la baie Chesapeak, dans le Maryland; *Richmond*, chef-lieu de la Virginie; *Charleston*, port très-commerçant, dans la Caroline du sud; *Savannah*, port principal de la Georgie; la *Nouvelle-Orléans* (145 000 hab.), dans la Louisiane, sur le Mississipi, avec un port très-fréquenté.

Dans les États de l'ouest : *Louisville*, dans le Kentucky, sur l'Ohio; *Cincinnati* (116 000 hab.), dans l'État d'Ohio, sur la rivière de ce nom; *Saint-Louis* (83 000 hab.), dans l'État de Missouri, sur le Mississipi, vers le confluent du Missouri; *San-Francisco*, port célèbre, dans la Californie.

Il n'y a point, aux États-Unis, de religion dominante : tous les cultes y sont admis et protégés. Les protestants sont fort nombreux presque partout. Les catholiques sont en majorité dans le Maryland et la Louisiane.

La principale industrie est l'agriculture, qui produit surtout des grains, du sucre, du coton, du riz, du tabac, L'industrie manufacturière est particulièrement avancée dans les États de l'est. C'est principalement par le commerce maritime que les États-Unis fleurissent. Leur marine marchande est la plus considérable du globe après celle de l'Angleterre. New-York, Philadelphie, Baltimore, Boston, la Nouvelle-Orléans, Charleston, Savannah, San-Francisco sont les ports les plus importants. De nombreux et vastes bateaux à vapeur circulent sur les grands fleuves dont l'Union est partout semée. Il y a aussi un grand nombre de chemins de fer, et un admirable réseau de lignes télégraphiques électriques très-multipliées et très-étendues.

CHAPITRE VII.

AMÉRIQUE MÉRIDIONALE ET ANTILLES.

Montagnes, fleuves, lacs, plaines et climat de l'Amérique méridionale. — Une grande chaîne de montagnes, la *Cordillère des Andes*, s'étend depuis l'isthme de Panama jusqu'à l'extrémité sud de l'Amérique méridionale, et divise cette contrée en deux versants : l'un vers l'Atlantique ; l'autre, beaucoup plus étroit, vers le Grand océan.

Les plus hauts sommets de la Cordillère sont : dans le nord, les monts *Chimborazo*, *Cotopaxi*, *Antisana*, et, vers le milieu, les monts *Illimani*, *Sorata*, *Aconcagua* ; leur altitude est de six à sept mille mètres. L'*Antisana* est le plus haut de tous les volcans du globe ; le *Cotopaxi* est celui qui fait les plus fortes éruptions. Les Andes sont assez fréquemment divisées, surtout dans le nord, en plusieurs chaînes parallèles; elles offrent aussi, en beaucoup d'endroits, des plateaux étendus, qui sont les parties les plus saines, les plus cultivées, les plus peuplées de toutes les contrées de l'Amérique méridionale.

Une grande branche se sépare de la Cordillère, court à l'est, et se termine au cap Saint-Roch : elle porte successivement les noms de *Serras Parexis* et de *Serra dos Vertentes*. La *Serra do Espinhaço* s'y rattache.

Sur le versant de l'est, on remarque comme fleuves principaux : parmi les tributaires de la mer des Antilles, la *Madeleine* ou *Magdalena* ; parmi les tributaires directs de l'Atlantique, l'*Orénoque*, l'*Essequebo*, l'*Amazone*, fleuve le plus large de la Terre, long de plus de mille lieues, et qui se grossit du *Rio Negro*, de la *Madeira* et du *Xingu*; le *Tocantins*; le *Saint-François*; le *Rio de la Plata*, formé par la réunion de l'*Uruguay* et du *Parana*, augmenté lui-même du *Paraguay*; enfin le *Rio Negro* du sud.

Il n'y a aucun fleuve remarquable sur le versant occidental.

Les principaux lacs de l'Amérique du sud sont : au nord, le lac de *Maracaybo*, qui communique avec la mer des Antilles; au sud-est, le lac *dos Pathos*, sur la côte de l'Atlantique, et la *Lagune d'Ybera* ; à l'ouest, le lac *Titicaca* ou *Chucuyto*, sur un vaste plateau des Andes. De grandes plaines très-basses, en espagnol *Llanos*, inondées dans le temps des pluies périodiques, forment alors des lacs temporaires, qui sont ensuite remplacés par des prairies, et plus tard, quelquefois, par une surface desséchée et aride. Le plus remarquable de ces lacs temporaires est le *Xarayes*, dans le cours du Paraguay. On remarque dans le sud les vastes plaines désertes des *Pampas*, couvertes partout d'une pelouse uniforme.

L'équateur traverse le nord de l'Amérique méridionale. Là, dans les plaines basses et dans les vallées profondes, l'air est brûlant et malsain ; mais le climat est tempéré et sain sur les plateaux. Le froid est très-intense au sommet des montagnes, et le sud est exposé à des vents orageux et froids.

Population et races de l'Amérique méridionale. — On compte dans l'Amérique méridionale environ 14 000 000 d'habitants, dont la plupart sont d'origine *espagnole ;* une partie assez considérable de la population des régions orientales est d'origine *portugaise ;* il y a, dans le nord-est, des *Français*, des *Hollandais* et des *Anglais*. Les *Indiens* sont encore nombreux dans l'intérieur ; on distingue les *Muyscas*, les *Caraïbes*, les *Galibis*, dans le nord ; les *Guaranis*, à l'est, au centre et au sud-est ; les *Chiquitos*, les *Moxos*, les *Araucanos*, les *Quichuas*, vers l'ouest ; les *Patagons*, au sud. Un grand nombre de *nègres*, de *mulâtres* et d'autres *hommes de couleur* se sont introduits parmi les populations blanches, par suite de l'esclavage.

Contrées, principaux États et colonies européennes de l'Amérique méridionale, villes principales. — Au nord, entre la mer des Antilles et le Grand océan, sont trois républiques, anciennes colonies espagnoles, désignées sous le nom général de *Colombie :* 1° la NOUVELLE-GRENADE, peuplée de 1 500 000 habitants, et dans laquelle est compris l'isthme de Panama; elle a pour capitale *Santa-Fe-de-Bogota* (ou simplement *Bogota*), peuplée de 40 000 habitants, et pour autres villes principales *Popayan*, dans l'intérieur, *Carthagène des Indes*, *Chagres*, *Sainte-Marthe*, ports sur la mer des Antilles; *Panama*, sur l'isthme et le golfe du même nom; *San-Buenaventura*, port sur le Grand océan; — 2° la république de l'ÉQUATEUR (600 000 hab.), située au sud de la Nouvelle-Grenade, et baignée à l'ouest par le Grand océan; la capitale est *Quito* (50000 hab.), presque sous l'équateur; la seconde ville est *Guayaquil*, vers le golfe du même nom; — 3° le VÉNÉZUÉLA (1 000 000 d'hab.), à l'est de la Nouvelle-Grenade, sur la mer des Antilles et dans le bassin de l'Orénoque; il a pour capitale *Caracas* (30 000 hab.), et pour autres villes principales *Cumana*, *Angostura*, *Maracaybo*.

Le long de l'océan Atlantique, on trouve quatre contrées:

1° La GUYANE est un grand pays environné par l'Orénoque, le Rio Negro, l'Amazone et l'Atlantique, et divisé en cinq parties : la GUYANE COLOMBIENNE, ci-devant ESPAGNOLE (actuellement réunie au Vénézuéla), la GUYANE PORTUGAISE OU BRÉSILIENNE (réunie au Brésil), et les GUYANES FRANÇAISE, HOLLANDAISE et ANGLAISE. La Guyane française, la plus orientale des trois Guyanes possédées par les Européens, a pour capitale *Cayenne*, sur une île du même nom. — La Guyane hollandaise a pour capitale *Paramaribo*, la plus grande ville des Guyanes, avec 20 000 hab., sur le Surinam. — La capitale de la Guyane anglaise est *Georgetown*.

2° Le BRÉSIL est un empire qui occupe l'est et le centre de l'Amérique méridionale, et qui est formé d'une ancienne colonie portugaise. C'est la plus grande partie de l'Amérique méridionale. On y admire une magnifique végétation, et il s'y trouve de riches mines d'or, de diamants, de platine, etc.; mais il y a encore peu d'habitants (environ 6 000 000). La capitale est *Rio-de-Janeiro* (160 000 hab.), dans une situation magnifique, sur la baie du même nom. — Les autres villes principales sont *Para* ou *Belem*, port à l'embouchure du Tocantius; *Recife* ou *Pernambouc*, port de mer très-commerçant; *San-Salvador* ou *Bahia* (120 000 hab.), autre port célèbre, la seconde ville du Brésil.

3° La république de l'URUGUAY ou république ORIENTALE DE L'URUGUAY est une ancienne colonie espagnole, renfermée entre le Brésil, à l'est, la rivière Uruguay, à l'ouest, et le Rio de la Plata et l'Atlantique, au sud. La capitale est *Montevideo* (30 000 hab.), sur le bord septentrional du Rio de la Plata. La population de ce pays est de 200 000 habitants.

4° La république de LA PLATA, ou RÉPUBLIQUE ARGENTINE, s'étend au sud-ouest du Brésil, et s'avance à l'ouest jusqu'aux Andes. Elle possède sur l'Atlantique la côte renfermée entre l'embouchure du Rio de la Plata et celle du Rio Negro du sud. C'est une ancienne colonie espagnole, dont la population est de 2 000 000 d'habitants. Elle a pour capitale *Buenos-Ayres* (80 000 hab.), sur la rive droite du Rio de la Plata; les autres villes principales sont *Santa-Fe*, sur le Parana; *Mendoza*, *Cordova*, *San-Luis*. D'immenses plaines désertes et couvertes d'herbe, nommées *pampas*, occupent l'intérieur.

Loin de la mer, mais toujours sur le versant de l'Atlantique, se trouve la république du PARAGUAY, autrefois soumise à l'Espagne, et peuplée de 300 000 hab.; elle se trouve entre le Brésil et la Plata, et a pour bornes à l'est et au sud le Parana, à l'ouest la rivière à laquelle elle doit son nom; la capitale est *l'Assomption*, petite ville, sur le Paraguay.

A l'ouest, sur le Grand océan, il y a trois républiques, anciennes possessions espagnoles :

1° Le PÉROU est situé au sud de la Colombie et traversé par la Cordillère des Andes. Il renferme une population de 1 100 000 hab. Il a pour capitale *Lima* (60 000 hab.), à

9 kilomètres de la mer; *Callao* lui sert de port et lui est uni par un chemin de fer. Les autres villes les plus remarquables sont *Guamanga*, *Arequipa*, *Cuzco*, ancienne capitale de l'empire des Incas ; *Truxillo*, *Arica*, ports de mer.

2° La BOLIVIE, au sud-est du Pérou, dont elle est en partie séparée par le grand lac Titicaca, est traversée aussi par les Andes, qui y présentent quelques-uns de leurs plus hauts sommets. La population est de 1 000 000 d'habitants. La capitale est *Chuquisaca, Charcas* ou *La Plata* (30 000 hab.), célèbre par ses mines d'argent. On remarque, parmi les autres villes, *La Paz*, fameuse par ses mines d'or, et la plus grande ville de la Bolivie (40 000 hab.); *Potosi*, célèbre aussi par ses mines d'argent; *Cochabamba*, *Cobija* ou *Lamar*, seul port de la Bolivie, sur la côte du désert d'Atacama.

3° Le CHILI est un pays très-long et très-étroit, resserré entre les Andes et le Grand océan, au sud-ouest de la Bolivie. Il est extrêmement fertile et favorisé d'un très-doux climat, mais exposé à de fréquents tremblements de terre. On y compte 1 000 000 d'hab. Sa capitale est *Santiago* (80 000 hab.). Ses autres villes sont *Valparaiso*, *La Serena* ou *Coquimbo*, *Copiapo*, la *Conception*, *Valdivia*, ports de mer. Dans le sud du Chili, habitent les *Araucanos*, indigènes courageux, fiers et industrieux, que les Espagnols n'ont jamais pu soumettre et qui ne se sont pas non plus réunis à la nouvelle république chilienne. Du Chili dépendent, au sud, l'île de *Chiloé*, et, loin à l'ouest, les îles *Juan-Fernandez*.

A l'extrémité sud de l'Amérique méridionale, se trouve la PATAGONIE, pays triste et froid, resserré entre le Grand océan et l'Atlantique. Elle n'est habitée que par des peuples sauvages nommés *Patagons* ou *Téhuelhets*. Les Chiliens y ont, sur le détroit de Magellan, l'établissement de *Port-Famine*.

La *Terre de Feu* est un archipel stérile, situé au sud de la Patagonie, dont elle est séparée par le détroit de Magellan. — La *Terre des États* est près et à l'est de la Terre de Feu, dont le détroit de Lemaire la sépare. — L'archipel de la *Mère de Dieu* est sur la côte occidentale de la Patagonie. — Les îles *Malouines* ou *Falkland*, où les Anglais ont une colonie, se voient à l'est de la même contrée. — Loin de là, vers l'est et vers le sud, sont des terres très-froides et inhabitées, appelées *Nouvelle-Géorgie méridionale*, *Terre de Sandwich*, *Terre de Graham*, *Nouveau-Shetland méridional*, *Nouvelles-Orcades méridionales*.

Antilles. — Les Antilles, appelées aussi *Indes occidentales*, sont un grand archipel qui s'étend entre l'Amérique septentrionale et l'Amérique méridionale, depuis le voisinage de la Floride jusque vers le Vénézuéla, devant le golfe du Mexique et la mer des Antilles. Elles sont généralement belles et fertiles, et appartiennent presque toutes aux Européens. La population des Antilles s'élève à environ 3 000 000 d'habitants, tous d'origine européenne ou africaine.

On les partage en quatre divisions principales.

Au nord, on trouve les îles LUCAYES ou BAHAMA, qui appartiennent aux Anglais; ce sont les premières terres d'Amérique que vit Christophe Colomb en 1492. On croit que la première où aborda ce grand navigateur, et qu'il appela *San-Salvador*, est celle qu'on nomme aujourd'hui *Cat-Island*.

Au milieu, sont les GRANDES ANTILLES, c'est-à-dire *Cuba*, *Haïti*, la *Jamaïque* et *Porto-Rico*.

Cuba, la plus grande des Antilles, s'allonge considérablement de l'ouest à l'est; elle est soumise à l'Espagne, et a pour capitale *La Havane* (140 000 hab.), la plus importante ville de l'archipel.

Haïti ou Saint-Domingue était autrefois partagée entre les Français et les Espagnols; elle a formé ensuite une république, établie par des nègres et des mulâtres révoltés; aujourd'hui elle compose deux États : à l'ouest, l'empire d'*Haïti*, qui a pour capitale *Port-au-Prince* (30 000 hab.), et, à l'est, la république *Dominicaine*, dont la capitale est *Saint-Domingue* (ou *Santo-Domingo*).

La Jamaïque, remarquable par sa belle culture, appartient aux Anglais. Elle a pour chef-lieu *Spanishtown*; mais la plus grande ville est *Kingston.*

Porto-Rico, ou plutôt Puerto-Rico, est aux Espagnols. Elle a pour chef-lieu *San-Juan de Puerto-Rico.*

A l'est, se trouvent les PETITES ANTILLES, qui forment une longue chaîne dirigée du nord au sud. On les appelle quelquefois ÎLES CARAÏBES, à cause des peuples de ce nom qui les habitaient anciennement; souvent aussi on les nomme ÎLES DU VENT, parce qu'elles sont plus exposées que les autres Antilles aux vents de l'est ou vents alizés, qui soufflent constamment dans ces parages.

La France possède dans ces îles : la *Guadeloupe* (chef-lieu *La Basse-Terre;* autre ville principale, *la Pointe-à-Pitre*); la *Martinique* (chef-lieu *Fort-de-France;* autre ville, *Saint-Pierre*); *Marie-Galante*, *la Désirade*, *les Saintes*, le nord de *Saint-Martin;* — l'Angleterre y a *Saint-Christophe*, *Antigoa*, la *Dominique*, *Sainte-Lucie*, *Saint-Vincent*, la *Barbade*, la *Grenade*, les *Grenadines*, *Tabago* et la *Trinité;* — les Danois ont *Sainte-Croix*, *Saint-Thomas;* — les Hollandais, *Saint-Eustache*, le sud de l'île *Saint-Martin;* — les Suédois, *Saint-Barthélemy.*

Au sud, sont les ÎLES SOUS LE VENT, très-voisines de l'Amérique méridionale, et dont les principales sont la *Marguerite*, au Vénézuéla, et *Curaçao*, aux Hollandais.

CHAPITRE VIII.

OCÉANIE.

Situation, grandes divisions, mers, climat, productions. — L'Océanie, appelée aussi *Monde maritime*, est située au sud-est de l'Asie, et se compose du continent de l'Australie et d'une infinité d'îles répandues dans le Grand océan, ou entre cet océan et l'océan Indien. Elle occupe l'immense espace compris depuis le 34e degré de latitude nord jusqu'à une limite inconnue dans la latitude sud, et depuis le 90e de longitude est jusqu'au 111e de longitude ouest. — La superficie de l'Océanie est évaluée à 10 830 000 kilomètres carrés, dont 7 660 000 pour l'Australie seule.

D'après Dumont d'Urville, on peut diviser l'Océanie en quatre grandes divisions : la *Malaisie* (région des *Malais*), à l'ouest, vers la mer de Chine et l'océan Indien ; — la *Mélanésie* (région des *nègres*), au sud ; — la *Micronésie* (région des *petites îles*), au nord ; — la *Polynésie* (région des *nombreuses îles*), à l'est. On rencontre dans les mers de l'Océanie un grand nombre de récifs très-dangereux, formés principalement de coraux qui s'amoncellent et s'accroissent journellement autour des îles. Les volcans sont très-multipliés et font de fréquentes éruptions.

Quoique cette région soit en grande partie située dans la zone torride, la température y est généralement assez douce et assez agréable, à cause des brises salubres de la mer, qui viennent constamment y rafraîchir les terres.

Dans la plupart des îles de l'Océanie, la végétation est superbe et offre des produits utiles ; cependant les végétaux indigènes de l'Australie sont peu propres à la nourriture de l'homme, mais les céréales européennes y réussissent bien. Dans les îles occidentales, on cultive le riz, la canne à sucre, le sorgho, le café, les cannelliers, les poivriers, les muscadiers, les girofliers, les orangers, les mangoustans, et presque partout on trouve le cocotier, l'arbre à pain, le taro (dont la racine est un aliment très-usité), la patate douce, le bananier, l'igname, le sandal, le mûrier, les bambous. Dans le sud, on récolte le phormium ou lin de la Nouvelle-Zélande.

Les animaux de l'Australie se font remarquer par leurs formes bizarres, leurs habitudes singulières, et ne sont, la plupart, d'aucune utilité pour l'homme : tels sont le kangarou, l'échidné, l'ornithorhynque, le phalanger volant. Dans les îles occidentales, on trouve l'éléphant, le rhinocéros, l'hippopotame, le tigre, le buffle, l'hirondelle salangane, dont on mange les nids. Les cochons et les chiens indigènes sont nombreux dans les îles orientales. On ne voit qu'à la Nouvelle-Guinée les oiseaux de paradis. Il y a, dans les parties voisines de l'Asie, de riches mines d'or, de fer, de cuivre, d'étain, de diamants, et l'on vient de découvrir une abondance extraordinaire d'or dans l'Australie.

Habitants, religions. — On compte dans cette partie du monde environ 30 000 000 d'habitants, qui se composent de *Malais*, à l'ouest ; d'hommes de la *race mongolique*, au nord, dans la Micronésie ; de *Polynésiens* ou *Kanaks*, race particulière, à l'est, et de *nègres*, au sud, dans la Mélanésie. Les trois premières de ces populations se distinguent en général par leur intelligence, leur adresse, et présentent le contraste de mœurs barbares, même de l'anthropophagie, avec une grande facilité à se civiliser.

Les Polynésiens sont les plus beaux : leurs traits sont réguliers, leur taille est élevée, et ils se couvrent le corps d'un tatouage très-curieux. Leurs pirogues sont faites avec beaucoup d'art ; ils sont excellents navigateurs. Les nègres, surtout ceux de l'Australie, ont un aspect misérable, repoussant, et vivent dans un état complétement sauvage.

Le *mahométisme* est assez répandu dans la Malaisie, mais le *fétichisme* est la religion de la plus grande partie de la population de l'Océanie. Dans l'est, le *christianisme* et la civilisation européenne ont commencé à s'introduire chez les indigènes.

Iles et archipels principaux ; possessions des Européens. Villes principales. — La Malaisie, qu'on appelle quelquefois l'*Archipel indien*, renferme, à l'ouest et au sud, l'archipel de la *Sonde*, formant une longue chaîne dirigée d'abord du nord-ouest au sud-est, puis de l'ouest à l'est, et dont les principales îles sont : *Sumatra*, allongée du nord-ouest au sud-est, traversée par l'équateur, et partagée entre des états indigènes, tels que ceux d'*Achem* et des *Battas*, et les Hollandais, qui y possèdent *Padang*, *Bencoulen*, *Palembang*, etc.; — *Java*, belle île allongée de l'ouest à l'est, avec les villes de *Batavia*, *Sourabaya*, etc.; — *Bali*, *Lombok*, *Sumbava*, *Florès*, *Timor*, *Timorlaout*, *Bintang*, *Banca*, *Billiton*, *Madura*; — au milieu, la grande île de *Bornéo*, presque circulaire, traversée par l'équateur, et dont le nord renferme le royaume et la ville de *Bornéo;* l'ouest et le sud, des possessions hollandaises; et l'intérieur, des populations sauvages; — l'archipel *Soulou*, au nord-est de Bornéo; — et l'île de *Célèbes*, remarquable par sa forme très-irrégulière; — à l'est, les îles *Moluques* ou les îles *aux Épices*, dont les principales sont *Gilolo*, *Céram*, *Amboine*, les îles *Banda;* — au nord, les îles *Philippines*, dont la plus importante est *Luçon*, et où l'on remarque aussi *Mindanao*, *Mindoro*, *Palaouan.*

Les Hollandais ont de grandes possessions dans la Malaisie : ils possèdent presque toute l'île de Java, où se trouve *Batavia* (70 000 hab.), capitale de leurs colonies océaniennes; et ils ont des établissements à Sumatra et dans presque toutes les autres îles de la Sonde, ainsi qu'à Bornéo, à Célèbes, et aux Moluques, où se trouve l'importante ville d'*Amboine.* — Les Espagnols possèdent une grande partie des Philippines, où leur ville la plus importante est *Manille* (140 000 hab.), dans l'île de Luçon. — Les Portugais ont une petite partie de Timor.

La Mélanésie a pour terre principale l'*Australie* ou la *Nouvelle-Hollande*, grande contrée qui s'étend de l'est à l'ouest l'espace de 4500 kilomètres, sur une largeur de 2000 kilomètres, du nord au sud; l'intérieur en est encore inconnu. On remarque sur la côte septentrionale le golfe de *Carpentarie;* le cap *York* la termine au nord, et le cap *Wilson* au sud; la côte méridionale offre les golfes de *Spencer* et de *Saint-Vincent;* c'est dans ce dernier que se rend le *Murray*, le plus grand fleuve connu du pays; et c'est au nord du golfe de Spencer que se trouve le plus grand lac qu'on ait vu dans l'Océanie, le lac *Torrens.* La partie orientale est traversée, du nord au sud, par la chaîne des montagnes *Bleues* ou *Alpes australiennes*, où l'on exploite de très-riches mines d'or. Il y a, dans l'Australie, deux principales colonies anglaises : 1° à l'est, la *Nouvelle-Galles méridionale*, destinée principalement à recevoir les condamnés; la capitale en est *Sydney*, sur le beau port Jackson; on remarque au sud de cette ville la baie appelée *Botany-Bay*, où les Anglais ont commencé leurs colonies de l'Australie; 2° au sud-est, la province de *Victoria*, qui a pris en peu de temps un développement prodigieux, par suite des abondantes mines d'or qu'on y a découvertes; on y trouve la ville florissante de *Melbourne* ou *Port-Philipp*. — On remarque aussi une ville de *Victoria*, vers l'extrémité septentrionale de ce continent, et celle d'*Adélaïde*, vers la côte méridionale.

Deux autres grandes terres sont près de la Nouvelle-Hollande : au sud-est, la terre de *Diemen* ou la *Tasmanie*; — au nord, la *Nouvelle-Guinée* ou *Terre des Papous*, île très-belle, séparée du continent par le détroit de Torres, et où les Hollandais ont un important établissement. Le prolongement sud-est de la Nouvelle-Guinée et des îles environnantes forme la terre de la *Louisiade*.

On remarque, dans la partie orientale de la Mélanésie, l'archipel de la *Nouvelle-Bretagne*; — l'archipel *Salomon*; — celui de *Santa-Cruz*, de la *Reine Charlotte* ou de *La Pérouse*, sur les écueils duquel le célèbre La Pérouse a fait naufrage, vers l'île de *Vanikoro*; — les *Nouvelles-Hébrides*; — la longue île de la *Nouvelle-Calédonie*; — et les îles *Viti* ou *Fidji*, riches en bois de sandal.

Toutes ces îles sont environnées de récifs très-dangereux.

La Micronésie comprend, au nord, l'archipel *Magellan* et l'archipel d'*Anson*; — à l'ouest, les îles *Peleu* ou *Palos*; — au milieu, les îles *Mariannes* ou des *Larrons*, et les îles *Carolines*; — à l'est, les îles *Mulgrave*, composées des archipels *Ralick*, *Radack*, *Marshall*, *Gilbert*, etc.

Les Espagnols possèdent plusieurs des Mariannes, entre autres *Guam*.

La Polynésie renferme :

Au nord, les îles *Sandwich*, dont les principales sont *Haouaii* et *Oahou*, et dont les habitants sont presque tous chrétiens et assez avancés dans la civilisation.

A l'ouest, les jolies îles *Samoa* ou des *Navigateurs*, et les îles *Tonga* ou des *Amis*.

Au milieu, les îles *Mangia*, appelées aussi îles d'*Harvey* ou de *Cook ;* — les îles *Taïti*, dont les principales sont *Taïti* ou *O-Taïti* (capitale Papéiti), *Ouahine*, *Bora-Bora*, *Raïatea ;* — l'archipel *Pomotou* ou des *îles Basses*, parsemé de nombreux récifs, et auquel on peut rattacher les îles *Mangaréva* ou *Gambier;* — les îles *Mendaña* ou *Marquises*, dont les principales sont *Noukahiva*, *Tahouata* et *Hiva-hoa*.

A l'est, l'île de *Pâques* ou *Ouaïhou*, amas de rochers basaltiques, loin de toute grande terre et de tout archipel.

Au sud, la *Nouvelle-Zélande*, composée de deux grandes îles, *Ica-na-maoui*, et *Tavaï-Pounamou*, séparées l'une de l'autre par le détroit de Cook, et dont les indigènes passent pour les plus redoutables des anthropophages ; — les îles *Broughton;* — les îles *Macquarie*.

C'est au sud-est la Nouvelle-Zélande que se trouvent, dans la mer, les *antipodes de Paris*.

La France et l'Angleterre sont les seules puissances européennes qui aient des possessions dans la Polynésie. La première occupe les Marquises et exerce un protectorat sur l'île Taïti, sur les îles Gambier et quelques petites îles moins importantes, comme les îles Wallis et Foutouna. La seconde a pris possession d'une partie de la Nouvelle-Zélande.

On peut rattacher à l'Océanie les terres *Clarie, Adélie, Baleny*, *Victoria*, ensevelies sous des amas de neige et de glace, et découvertes par Dumont d'Urville, James Ross et d'autres hardis navigateurs de ce siècle, vers le cercle polaire austral et dans l'océan Glacial antarctique.

CHAPITRE IX.

EUROPE.

Limites, forme générale du contour, étendue, mers, presqu'îles et îles principales.—L'Europe, placée dans le nord-ouest de l'ancien continent, à l'ouest de l'Asie et au nord de l'Afrique, est une grande presqu'île qui tient au reste du continent par deux côtés : à l'est, par le territoire des monts Ourals et du fleuve Oural, situé au nord de la mer Caspienne; au sud-est, par l'isthme du mont Caucase, entre la mer Caspienne et la mer Noire. Elle s'étend du 35e au 77e degré de latitude nord, si l'on y comprend la Nouvelle-Zemble, et au 71e, si l'on l'arrête au cap Nord; elle s'allonge de l'ouest à l'est, du 13e degré de longitude ouest au 67e degré de longitude est.

Au nord, elle est baignée par l'océan *Glacial arctique;* à l'ouest, par l'océan *Atlantique;* au sud, par la mer ***Méditerranée***.

La mer *Caspienne* est, au sud-est, une assez grande partie de sa limite.

L'océan Glacial arctique forme la mer de ***Kara*** et la mer *Blanche*.

L'océan Atlantique forme la mer *Baltique*, le ***Cattégat***, la mer du *Nord*, la ***Manche***, la mer d'*Irlande* et la mer de ***France***, appelée aussi golfe de *Gascogne* ou mer de ***Biscaye***.

On remarque dans la mer Baltique les golfes de *Botnie*, de *Finlande* et de *Livonie* ou de *Riga*.—Dans la mer du Nord, est le golfe de *Zuider-zee;* au sud-ouest de la Grande-Bretagne, se trouve celui qu'on appelle ***canal de Bristol***.

La mer Méditerranée comprend la mer *Tyrrhénienne*, la mer *Adriatique*, la mer *Ionienne*, l'*Archipel*, la mer de ***Marmara***, la mer *Noire* et la mer d'*Azov*.

On distingue, dans la Méditerranée, les golfes du *Lion*

et de *Gênes;* dans la mer Ionienne, les golfes de *Tarente* et de *Lépante*, et, dans l'Archipel, le golfe de *Salonique*.

On passe de la mer Baltique dans la mer du Nord par les détroits du *Sund*, du *Grand-Belt* et du *Petit-Belt*, par le *Cattégat* et par le détroit du *Skager-Rack*.

On passe de la mer du Nord dans la Manche par le *Pas de Calais*.

La mer d'Irlande communique avec l'océan Atlantique par le canal du *Nord* et le canal *Saint-George*.

On entre de l'Océan dans la Méditerranée par le détroit de *Gibraltar*.

On passe de la mer Tyrrhénienne dans la mer Ionienne par le détroit nommé *Phare de Messine*, entre l'Italie et la Sicile.

On passe de la mer Adriatique dans la mer Ionienne par le canal d'*Otrante;* de l'Archipel dans la mer de Marmara, par le détroit des *Dardanelles* (anciennement Hellespont); de la mer de Marmara dans la mer Noire par le canal de *Constantinople* (anciennement Bosphore de Thrace); et de la mer Noire dans la mer d'Azov, par le détroit d'*Énikalé* (anciennement Bosphore Cimmérien).

Les côtes de l'Europe sont très-irrégulières et forment beaucoup de presqu'îles :

Au nord, on remarque la péninsule *Scandinave* et la péninsule *Danoise*, qui s'avancent l'une en face de l'autre, à l'ouest de la mer Baltique. La première est jointe au continent vers le nord-est par l'isthme de *Laponie*, et la seconde s'y rattache au sud par l'isthme de *Holstein*. Le nord de la péninsule Danoise forme la presqu'île de *Jutland*.

A l'extrémité sud-ouest de l'Europe, est la péninsule *Hispanique*, unie au continent par l'isthme des *Pyrénées*.

Au sud, on voit la presqu'île d'*Italie*, qui a grossièrement la forme d'une botte, et qui se termine au sud par la presqu'île de *Calabre*.

On remarque encore au sud la grande péninsule *Turco-*

Hellénique, dont la partie méridionale forme la presqu'île de *Morée*, appelée anciennement *Péloponèse*, et unie au continent par l'isthme de *Corinthe*.

Entre la mer d'Azov et la mer Noire, est renfermée la presqu'île de *Crimée*, jointe au continent par l'isthme de *Pérékop*.

L'Europe a un grand nombre d'îles :

Dans l'océan Glacial, au nord-est, on voit la *Nouvelle-Zemble*, qui est la terre la plus septentrionale de l'Europe; c'est un pays encore peu connu, très-froid et inhabité. On la place quelquefois dans l'Asie.

Sur la côte nord-ouest de la péninsule *Scandinave*, on rencontre les îles *Lofoden*.

Dans le nord-ouest de l'Europe, se trouve la *Grande-Bretagne*, qui est l'île la plus considérable de cette partie du monde un peu à l'ouest, est celle de l'*Irlande*.

Dans le voisinage, sont les groupes des *Hébrides*, des *Orcades* et de *Shetland*. Ces trois groupes composent, avec la Grande-Bretagne et l'Irlande, l'archipel des îles *Britanniques*.

Plus loin vers le nord-ouest, on voit les îles *Færœer*, et enfin l'*Islande*, grande île très-froide, plus voisine de l'Amérique que de l'Europe.

Entre le Cattégat et la mer Baltique, se trouvent les îles *Danoises*, dont les principales sont *Seeland* et *Fionie*.

Dans l'intérieur de la Baltique sont l'île d'*OEland*, celle de *Gottland* et l'archipel d'*Aland*.

Dans la Méditerranée, on remarque, à l'est de la péninsule Hispanique, les îles *Baléares* (*Majorque*, *Minorque* et *Ivice*).

Près de l'Italie, sont les grandes îles de *Sicile*, de *Sardaigne* et de *Corse*, les îles *Lipari*, l'île d'*Elbe* et celle de *Malte*.

Sur la côte nord-est de la mer Adriatique, est l'archipel *Dalmate-Illyrien*, comprenant les îles *Veglia*, *Cherso*, *Pago*, *Brazza*, *Curzola*, etc.

Près de la Morée, on remarque beaucoup d'îles, dont les

principales sont *Négrepont* ou *Eubée*, les *Cyclades* (*Naxos*, *Paros*, etc.), *Candie* (anciennement Crète), et les îles *Ioniennes* (*Corfou*, *Sainte-Maure*, *Théaki* ou *Ithaque*, *Céphalonie*, *Zante*, *Cérigo*).

Le cap le plus septentrional de l'Europe continentale est le cap *Nordkyn*, dans la péninsule Scandinave; mais, plus au nord encore, dans une des îles Lofoden, on voit le cap *Nord*.

A l'extrémité sud-ouest de la péninsule Hispanique, est le cap *Saint-Vincent*; vers son extrémité nord-ouest, est le cap *Finisterre*.

A l'extrémité sud de la Morée et de toute l'Europe, se trouve le cap *Matapan*.

La longueur de l'Europe, du nord-est au sud-ouest, depuis l'embouchure de la rivière *Kara* dans la mer de ce nom, jusqu'au cap *Saint-Vincent*, est de 5400 kilomètres; du nord au sud, depuis le cap *Nord* jusqu'au cap *Matapan*, on compte 4000 kilomètres. La superficie est de 9 460 000 kilomètres carrés, dont 9 030 000 pour la partie continentale seulement.

Division en grands versants, ligne de partage des eaux. — Principales chaînes de montagnes; leur situation et leur direction. — Cette partie du monde est divisée en deux versants : celui du nord et du nord-ouest, incliné vers l'océan Glacial et l'océan Atlantique, et celui du sud et du sud-est, incliné vers la Méditerranée et la mer Caspienne. L'arête qui sépare ces deux versants s'étend du nord-est au sud-ouest, des frontières de l'Asie au détroit de Gibraltar, et elle passe par les monts *Ourals*, les monts *Valdaï*, les *Carpathes*, les *Sudètes*, les monts *Moraves*, les monts de *Bohème*, les montagnes des *Pins* (*Fichtel-gebirge*), les *Alpes de Souabe*, la *Forêt-Noire*, les *Alpes des Grisons*, les *Alpes Rhétiques*, les *Alpes Lépontiennes*, les *Alpes Bernoises*, le *Jura*, la *Côte d'Or*, les *Cévennes*, les *Pyrénées*, les monts *Cantabres*, et les *monts Ibériques*, dont la partie la plus méridionale et la plus élevée est la *Sierra Nevada*.

L'Europe a ses plus hautes montagnes vers le sud. Les pays qui bordent la mer du Nord et la mer Baltique, et les pays de l'est, sont composés de grandes plaines.

Les chaînes de montagnes de l'Europe se dirigent généralement de l'est à l'ouest, comme l'Europe elle-même : ainsi, dans l'intérieur de cette partie du monde, on voit s'allonger dans ce sens ses plus grandes chaînes, les ***Alpes***, les ***Carpathes ;*** cependant on y voit courir, du nord au sud quelques chaînes secondaires, le ***Jura***, les ***Cévennes*** et les ***Vosges***. Dans le sud, les ***Pyrénées***, le ***Balkan***, le ***Caucase***, s'allongent de l'est à l'ouest ; mais les ***Apennins***, dans l'Italie, la chaîne ***Hellénique***, dans la péninsule Turco-Hellénique, vont du nord au sud. Dans le nord, les ***Alpes Scandinaves*** ou monts ***Dofrines*** couvrent, du nord au sud, l'intérieur de la péninsule Scandinave ; les monts ***Grampiens***, dans la Grande-Bretagne, s'étendent de l'est à l'ouest.

Plusieurs volcans brûlent dans le sud : le ***Vésuve***, en Italie ; l'***Etna*** en Sicile ; le ***Stromboli***, dans les îles Lipari.

Fleuves et lacs. — La ***Petchora*** est le seul fleuve important qui se jette immédiatement dans l'océan Glacial.

La ***Dvina septentrionale*** tombe dans la mer Blanche.

La mer Baltique reçoit, au N. et au N. O., par le golfe de Botnie, le ***Torneå*** et le ***Dal-elf*** ; à l'est, dans le golfe de Finlande, vient se jeter la ***Néva***, fleuve court, mais large, qui sert d'écoulement au lac Ladoga ; et, dans le golfe de Riga ou de Livonie, tombe la ***Dvina méridionale***. Au sud, trois fleuves, coulant du S. au N., se rendent dans cette mer par des amas d'eau qui sont moitié lacs, moitié golfes, et qu'on appelle *haffs :* le ***Niémen*** se jette dans le Curische-haff ; la ***Vistule***, dans le Frische-haff ; l'***Oder***, dans le Pommersche-haff.

Les principaux tributaires de la mer du Nord sont : l'***Elbe***, le ***Weser***, le ***Rhin***, grand et rapide fleuve, qui descend des Alpes et a plusieurs embouchures ; la

Meuse, qui reçoit quelques branches du Rhin ; l'***Escaut***, peu long, mais qui a deux larges embouchures. Tous ces fleuves coulent sur le continent, et généralement du sud au nord. La *Tamise* et l'*Humber*, dans la Grande-Bretagne, coulent de l'ouest à l'est.

La Seine, qui vient de la Côte d'Or et se dirige du sud-est au nord-ouest, est le seul fleuve considérable qui se jette dans la Manche.

Dans la mer de France, se rendent, en coulant généralement du sud-est au nord-ouest, la ***Loire*** et la ***Gironde***; cette dernière est formée de la ***Garonne***, qui vient des Pyrénées, et de la ***Dordogne***, qui vient des montagnes d'Auvergne.

L'Atlantique reçoit immédiatement le ***Minho***, le ***Douro***, le ***Tage***, la ***Guadiana***, le ***Guadalquivir***, qui coulent de l'est à l'ouest dans la péninsule Hispanique, et le ***Shannon***, dirigé du nord au sud, dans l'Irlande.

Un fleuve remarquable de la péninsule Hispanique, se rend immédiatemenl dans la Méditerranée : c'est l'***Èbre***, qui coule de l'ouest à l'est.

Dans le golfe du Lion, va se jeter le ***Rhône***, qui descend des Alpes et coule d'abord à l'ouest, puis au sud.

Dans la mer Tyrrhénienne, arrivent l'***Arno*** et le ***Tibre***, peu considérables, mais qui arrosent des lieux célèbres dans l'histoire. Ils viennent des monts Apennins.

Les principaux tributaires de l'Adriatique sont le ***Pô*** et l'***Adige***, qui ont leurs sources dans les Alpes et coulent de l'ouest à l'est.

La ***Maritza*** s'écoule dans l'Archipel.

La mer Noire reçoit le ***Danube***, qui vient de la Forêt-Noire, et qui a 3000 kilomètres de cours, de l'ouest à l'est; elle reçoit encore le ***Dniestr*** et le ***Dniepr***, qui vont du nord au sud.

Le ***Don***, dirigé aussi du nord au sud, se jette dans la mer d'Azov.

La mer Caspienne reçoit le ***Volga***, le plus grand fleuve d'Europe (3500 kilomètres), dirigé du nord-ouest au sud-est, et qui vient des monts Valdaï ; elle reçoit aussi l'***Ou-***

ral ou *Iaïk* (3000 kilomètres), qui descend des monts Ourals et coule du nord au sud.

Dans le voisinage du golfe de Finlande, sont plusieurs grands lacs, qui y versent leurs eaux : le lac *Ladoga* s'y écoule par la Néva ; les lacs *Onéga* et *Ilmen* sont tributaires du Ladoga; le lac *Peïpous* s'écoule dans le golfe par la Narova.

Le lac *Mælar* et le lac *Vetter*, dans la péninsule Scandinave, communiquent avec la mer Baltique.

Le lac *Vener*, dans la même péninsule, s'écoule dans le Cattégat.

Le lac de *Constance* est formé par le Rhin, et dans ce fleuve s'écoulent les eaux des lacs de *Zürich*, de *Lucerne* et de *Neuchâtel*.

Le lac de *Genève*, un des plus beaux de l'Europe, est produit par le Rhône, au pied des Alpes.

Le Pô reçoit les eaux des lacs *Majeur*, de *Côme* et de *Garde*.

Le lac *Balaton*, au centre de l'Europe, s'écoule dans le Danube.

Climat et productions. — L'Europe est froide vers ses extrémités boréales; dans le midi, le climat est chaud, mais non brûlant comme dans quelques parties de l'Asie ou de l'Afrique. En général, la température y est douce et agréable, surtout dans les parties occidentales.

Il y a, dans un grand nombre de pays d'Europe, de riches mines de fer; le cuivre abonde surtout dans la péninsule Scandinave et aux monts Ourals; l'étain, dans la Grande-Bretagne; l'or, le platine dans les monts Ourals; l'argent, le plomb, le mercure, dans plusieurs contrées. La houille est commune dans la Grande-Bretagne et vers les bords de l'Escaut, de la Meuse, du Rhin, etc.

Le blé, le seigle et les autres céréales, les pommes de terre, le lin, le chanvre, sont les principaux objets de culture de la plus grande partie de l'Europe. La vigne réussit dans les parties méridionales et centrales. Le cotonnier, la canne à sucre, les orangers, les citronniers, les cédratiers, les oliviers, les grenadiers, ne se rencontrent qu'au sud.

Le cheval, le bœuf et le mouton sont les principales richesses animales de l'Europe. Le renne est particulier aux régions septentrionales; le chameau ne se montre qu'au sud-est.

Contrées, États principaux, capitales et villes principales[1]. — On peut classer les divisions politiques européennes en trois régions : 1° les pays formés d'îles et de presqu'îles dans le nord de l'Europe; 2° les pays de l'intérieur du continent; 3° les pays formés d'îles et de presqu'îles dans le sud.

Les pays insulaires et péninsulaires du nord sont : le royaume des *îles Britanniques*, le ***Danemark*** et la ***monarchie Scandinave.***

Les pays de l'intérieur du continent sont : la ***Russie*** (avec la *Pologne* et la *Finlande*), l'*Allemagne*, l'***Autriche***, la *Prusse*, la *Hollande*, la *Belgique*, la *Suisse*, la ***France.***

Les pays insulaires et péninsulaires du sud sont : la *péninsule Hispanique* (comprenant l'*Espagne* et le *Portugal*), l'*Italie* (comprenant les *États-Sardes*, le royaume des *Deux-Siciles*, etc.), la *Turquie d'Europe*, le royaume de *Grèce* et la république des *îles Ioniennes.*

Le royaume des ILES BRITANNIQUES, qu'on appelle aussi ROYAUME-UNI DE GRANDE-BRETAGNE ET D'IRLANDE, se compose de la Grande-Bretagne, de l'Irlande et des îles Hébrides, Orcades et Shetland; il est situé entre la mer du Nord, l'océan Atlantique et la Manche.

La Grande-Bretagne renferme trois pays principaux : l'*Angleterre*, le *pays de Galles* et l'*Écosse.* La capitale de l'Angleterre est *Londres*, sur la Tamise : c'est en même temps la capitale de toutes les îles Britanniques; les autres villes les plus importantes de ce pays sont : ***Manches-***

1. Nous donnons ici très-peu de détails sur les pays d'Europe, parce qu'on trouvera la description complète de ces pays dans le *Cours de seconde.*

ter, *Liverpool*, *York*, *Hull*, au nord; *Birmingham*, au milieu; *Portsmouth*, *Plymouth* et *Bristol*, au sud. — Le pays de Galles n'a pas de villes considérables. — L'Écosse a pour capitale *Édinbourg;* mais la plus grande ville est *Glasgow*. — La capitale de l'Irlande est *Dublin;* les villes principales qu'on y remarque ensuite sont *Cork* et *Limerick*, dans le sud.

Le royaume de DANEMARK est formé : 1° de la péninsule Danoise ; 2° des îles Danoises, situées entre le Cattégat et la Baltique; 3° de l'Islande et des îles Færœer. La capitale est *Copenhague*, sur l'île de Seeland. La ville la plus importante ensuite est *Altona*, sur l'Elbe. On ne voit aucune ville considérable dans l'Islande, qui est un pays très-froid et couvert de montagnes volcaniques, dont la plus célèbre est le mont Hékla.

La MONARCHIE SCANDINAVE comprend la grande péninsule du nord de l'Europe ; elle se compose de deux pays — : 1° la *Suède*, dont la capitale est *Stockholm*, résidence du roi de toute la monarchie, sur le détroit qui unit le lac Mælar à la mer Baltique; — 2° la *Norvége*, qui a pour capitale *Christiania*, sur le golfe du même nom, formé par le Cattégat. Dans le nord de la Suède et de la Norvége, habitent les *Lapons*.

La RUSSIE s'étend dans l'est de l'Europe, depuis l'océan Glacial jusqu'à la mer Noire, et depuis la mer Baltique jusqu'à la mer Caspienne; elle est plus grande que tout le reste de l'Europe. Ce n'est cependant qu'une partie du vaste et puissant empire Russe, qui se prolonge aussi en Asie et en Amérique. La capitale est *Saint-Pétersbourg*, à l'embouchure de la Néva dans le golfe de Finlande. Les autres villes importantes sont : *Moscou*, ancienne capitale, au centre du pays ; *Riga*, vers l'embouchure de la Dvina méridionale; *Astrakhan*, vers l'embouchure du Volga; *Odessa*, sur la mer Noire.

La Russie possède au nord-ouest le grand-duché de *Finlande*, dont la capitale est *Helsingfors*, et à l'ouest le royaume de *Pologne*, qui a pour capitale *Varsovie*, sur la Vistule.

L'Allemagne, placée au centre de l'Europe, entre la mer du Nord, la mer Baltique et la mer Adriatique, est une grande contrée, divisée entre beaucoup d'États.

On compte jusqu'à trente-six États qui se partagent ce pays; mais tous ne sont pas entièrement renfermés en Allemagne : il y en a quatre qui ont aussi des possessions ailleurs ; ces quatre États sont l'Autriche, la Prusse, le Danemark et la Hollande.

Le Danemark et la Hollande ne possèdent en Allemagne que de petits pays : le premier de ces royaumes y a le Holstein et le Lauenbourg, et le second y renferme le Luxembourg et le Limbourg; mais l'Autriche et la Prusse y ont de grandes possessions : ainsi, la Bohème, la Moravie, l'archiduché d'Autriche, le Tyrol, la Styrie et l'Illyrie, qui appartiennent à l'Autriche, sont des pays allemands, et les provinces prussiennes de Poméranie, de Brandebourg, de Saxe, de Silésie, de Westphalie et du Rhin sont aussi en Allemagne.

Les trente-deux autres États sont entièrement renfermés en Allemagne, et ils composent ce qu'on peut appeler l'Allemagne intérieure; les principaux sont : au nord, le royaume de *Hanovre*, dont la capitale est *Hanovre*; les grands-duchés de *Mecklenbourg*, et les villes libres de *Hambourg*, de *Brème* et de *Lübeck* ; — au milieu, la ville libre de *Francfort-sur-le-Main*, les États de *Hesse*, les duchés de *Saxe*, le royaume de *Saxe*, qui a pour capitale *Dresde*, et pour seconde ville *Leipsick*; — au sud, le grand-duché de *Bade*, dont la capitale est *Carlsruhe*; le royaume de *Würtemberg*, qui a pour capitale *Stuttgart* ; le royaume de *Bavière*, dont la capitale est *Munich*, et dont les autres villes les plus importantes sont *Nuremberg* et *Augsbourg*.

Tous les États allemands sont confédérés, et forment la *Confédération germanique*, dont le gouvernement général, consistant en une diète ou assemblée, siége à *Francfort-sur-le-Main*.

L'empire d'Autriche est traversé par le Danube, baigné au sud par la mer Adriatique, et s'étend depuis la Vistule jusqu'au Pô. Les Alpes le couvrent au sud-ouest, et les monts Carpathes, à l'est. C'est un assemblage de pays très-différents entre eux par le langage et les mœurs ; les principaux de ces pays sont : l'*archiduché d'Autriche*, la *Bohème*, la *Moravie*, le *Tyrol*, la *Styrie*, l'*Illyrie*, à l'ouest ; — la *Galicie*, la *Hongrie*, la *Croatie*, l'*Esclavonie*, la *Transylvanie*, à l'est ; — la *Dalmatie*, au sud ; — le royaume *Lombard-Vénitien*, au sud-ouest. La capitale de cet empire est *Vienne*, sur le Danube, dans l'archiduché d'Autriche. Autres villes importantes : *Prague*, dans la Bohème ; *Trieste*, dans l'Illyrie ; *Bude* et *Pesth*, dans la Hongrie ; *Lemberg* et *Cracovie*, dans la Galicie ; *Milan* et *Venise*, dans le royaume Lombard-Vénitien.

Le royaume de PRUSSE se compose de deux parties séparées, dont la plus grande, à l'est, s'étend vers la mer Baltique, et l'autre, à l'ouest, est traversée par le Rhin, La capitale est *Berlin ;* les villes principales ensuite sont *Kœnigsberg*, *Dantzick*, *Breslau*, *Magdebourg*, dans la partie de l'est ; *Cologne*, *Coblentz*, *Aix-la-Chapelle*, dans celle de l'ouest.

La HOLLANDE et la BELGIQUE sont deux petits royaumes situés sur la côte méridionale de la mer du Nord, vers les embouchures de l'Escaut, de la Meuse et du Rhin. La Hollande, qu'on appelle aussi *Nédcrlande*, *Néerlande* ou *Pays-Bas*, a pour capitale *la Haye ;* mais les plus grandes villes sont *Amsterdam* et *Rotterdam*. — La Belgique a pour capitale *Bruxelles*, et pour autres villes principales *Anvers*, *Gand*, *Bruges*, *Liége*.

La SUISSE, située au centre de l'Europe, se trouve entre les lacs de Constance et de Genève ; les Alpes la couvrent au sud. C'est une république, composée de vingt-deux cantons confédérés. La diète, ou assemblée des députés de la confédération, siége tour à tour dans les villes de *Berne*, de *Lucerne* et de *Zürich ;* les autres villes importantes sont *Bâle* et *Genève*.

La FRANCE est un empire qui s'étend dans l'ouest de l'Europe, entre l'océan Atlantique, la Méditerranée, le

Rhin, les Alpes et les Pyrénées. La capitale est *Paris*, sur la Seine ; les autres grandes villes sont *Lyon*, *Marseille*, *Bordeaux*, *Rouen*, *Nantes*, *Toulouse*, *Lille*, *Strasbourg*.

La PÉNINSULE HISPANIQUE, située au sud-ouest de la France, entre l'océan Atlantique et la Méditerranée, comprend deux royaumes : l'*Espagne* et le *Portugal*.

L'ESPAGNE occupe la plus grande partie de la péninsule. Les pays principaux qu'elle renferme sont : la *Galice*, le *royaume de Léon*, la *Vieille-Castille*, la *Nouvelle-Castille*, la *Navarre*, l'*Aragon*, la *Catalogne*, le *royaume de Valence*, l'*Estrémadure*, l'*Andalousie*.

Madrid en est la capitale ; les autres villes les plus importantes sont : *Barcelone*, *Valence*, *Carthagène*, *Grenade*, *Séville*, *Malaga*, *Cadix*.

Le PORTUGAL est dans la partie occidentale de la péninsule ; la capitale est *Lisbonne*, vers l'embouchure du Tage; la seconde ville est *Oporto*.

L'ITALIE, qui s'étend entre les Alpes, la mer Adriatique, la mer Tyrrhénienne et la mer Ionienne, est partagée en plusieurs États, dont les principaux sont :

1° Le royaume de SARDAIGNE ou les ÉTATS SARDES, où l'on remarque deux parties distinctes : l'une est continentale et formée du *Piémont*, de la *Savoie* et des territoires de *Nice* et de *Gênes*; l'autre est l'*île de Sardaigne*. La capitale du royaume est *Turin*, sur le Pô ; les autres villes importantes sont *Alexandrie*, *Chambéry*, *Nice*, *Gênes*, sur un golfe du même nom ; *Cagliari*, capitale de l'île de Sardaigne.

2° Le royaume LOMBARD-VÉNITIEN, qui appartient à l'Autriche. Il a pour capitale *Milan*, et pour autres villes importantes *Venise*, *Padoue*, *Vérone*, *Vicence*, *Mantoue*, *Pavie*.

3° Le duché de PARME, capitale *Parme*.

4° Le duché de MODÈNE, capitale *Modène*.

5° Le grand-duché de TOSCANE, capitale *Florence*, sur l'Arno ; autres grandes villes, *Livourne*, *Lucques*, *Pise*.

6° Les ÉTATS DE L'ÉGLISE, capitale *Rome*, sur le Tibre; autres villes, *Bologne*, *Ferrare*, *Ravenne*, *Ancône*.

7° Le royaume des **Deux-Siciles**, composé du royaume de *Naples*, dont la capitale est *Naples ;* et de l'île de *Sicile*, qui a pour capitale *Palerme* et pour autres villes importantes *Messine* et *Catane*.

La **Turquie d'Europe** n'est qu'une partie de l'*empire Ottoman*, dont l'autre partie se trouve en Asie. Elle est comprise entre la mer Noire, l'Archipel, la mer Adriatique et les monts Carpathes. Elle se divise en deux parties : la **Turquie proprement dite**, dont les provinces principales sont la *Romélie*, la *Bulgarie*, la *Bosnie* et l'*Albanie;* et les **principautés slaves** tributaires, qui sont la *Moldavie*, la *Valachie*, la *Servie*.

La capitale de la Turquie est *Constantinople*, dans une situation admirable, sur le détroit qui joint la mer Noire à la mer de Marmara. Les autres villes principales sont : *Andrinople*, *Gallipoli*, *Salonique*, dans la Romélie ; *Sophia*, dans la Bulgarie ; *Iassi*, capitale de la Moldavie ; *Boukharest*, capitale de la Valachie ; *Belgrade*, capitale de la Servie.

La **Grèce**, qui comprend au sud la presqu'île de Morée, est un petit royaume situé entre l'Archipel et la mer Ionienne. La capitale est *Athènes*.

Les **iles Ioniennes** forment une petite république sous la protection de la Grande-Bretagne ; elles sont au nombre de sept principales, situées dans la mer Ionienne, à l'ouest et au sud de la Grèce. La capitale est *Corfou*, dans l'île du même nom.

De toutes ces contrées, la Russie d'Europe est celle qui renferme la plus grande population : on y compte 60 000 000 d'habitants. Tout l'empire Russe en a 66 000 000.

Viennent ensuite l'Autriche et la France, qui sont peuplées, la première, d'environ 37 000 000 d'habitants, la seconde, de 36 000 000.

Les îles Britanniques n'ont que 28 000 000 d'habitants ; mais on en compte 150 000 000 dans tout l'empire Britannique.

La Prusse a 16 000 000 d'habitants ; — l'Espagne

14 000 000 ; — la Turquie d'Europe, 15 000 000 (tout l'empire Ottoman, 34 000 000) ; le royaume des Deux-Siciles, le plus considérable des États italiens, 8 600 000 ; — le royaume de Sardaigne, 5 000 000 ; — la monarchie Scandinave, 4 500 000 ; — la Bavière, le plus considérable des États de l'Allemagne intérieure, aussi 4 500 000 ; — la Belgique, 4 500 000 ; — le Portugal, 3 500 000 ; — la Hollande, 3 000 000 (tout l'empire Hollandais, 23 000 000) ; — la Suisse, 2 000 000 ; — le Danemark, 2 000 000 ; — la Grèce, 1 000 000.

Les parties où il y a le plus d'habitants sur une même étendue de terrain sont la Belgique, les îles Britanniques, l'Italie, la Hollande et ensuite la France.

Londres est la plus peuplée et la plus grande des capitales d'Europe. Cette ville a 2 500 000 d'habitants.

Paris occupe le second rang par la population, qui est d'environ 1 000 000 d'habitants.

Constantinople (800 000 hab.), Saint-Pétersbourg (450 000 hab.), Naples (420 000 hab.), Vienne (400 000 h.), Berlin (400 000 hab.), *Manchester* (400 000 hab.), Moscou (350 000 hab.), *Glasgow* (350 000 hab.), *Liverpool* (300 000 hab.), *Dublin* (300 000 hab.), Madrid (300 000 hab.), Lisbonne (260 000 hab.), sont ensuite les villes les plus considérables.

Population, races. — L'Europe renferme environ 265 000 000 d'habitants. Ils sont tous de la race blanche ou caucasique, excepté les *Lapons*, les *Samoïèdes* et quelques autres populations peu importantes du nord et de l'est, qui appartiennent à la race jaune ou mongolique. Ils peuvent se classer, surtout d'après les langues, en dix familles principales : 1° la famille *celtique*, fixée dans l'ouest et le nord de la Grande-Bretagne, en Irlande, dans l'ouest de la France, et comprenant les *Gaëls* ou *Hauts-Écossais*, les *Gallois* ou *Kymris*, les *Erses* ou *Irlandais* et les *Bas-Bretons* ; 2° la famille *basque*, dans les Pyrénées ; 3° la famille *gréco-latine*, partagée en rameaux grec, italien, français, espagnol, portugais, valaque, albanais, roman (la langue romane est parlée dans l'est de la Suisse); 4° la famille *tudesque* ou *germanique*, divisée en rameaux allemand, suédois, danois, anglais, hollandais, flamand; 5° la famille *slave*, composée des Russes, des Polonais, des Bohèmes ou Tchèkhes, des Rusniaques (en Hongrie), des Croates, des Serbes ou Serviens, des Dalmates, des Bosniaques, des Bulgares; 6° la famille *lithuanienne* (dans l'ouest de la Russie et l'est de la Prusse), comprenant les Lithuaniens proprement dits ou Litaouis, et les Lettes ou Lettons; 7° la famille *finnoise*, où l'on distingue les Finnois proprement dits ou Tchoudes, les Lives et les Magyars ou Hongrois (les Lapons, pour la langue, appartiennent à cette famille); 8° la famille *tatare et mongole*, comprenant les Kalmouks, les Nogaïs, dans l'est de la Russie; 9° la famille *turque*, composée des Turcs proprement dits et de quelques populations répandues dans le sud-est et le sud de la Russie; 10° la famille *sémitique*, qui ne comprend que les Juifs, épars dans les différents pays et parlant la langue des peupels chez lesquels ils se trouvent.

CHAPITRE X.

DESCRIPTION SOMMAIRE DES MERS.

Océan.

Grand océan ; forme générale du littoral, mers secondaires, contrées voisines, îles, fleuves tributaires, ports, colonies européennes, lignes de navigation les plus suivies, et durée de la traversée. — Le Grand océan fut appelé *océan Pacifique* par Magellan, qui le parcourut le premier en 1520, et qui le traversa sans obstacle, quoique les tempêtes y soient aussi communes qu'ailleurs. On l'a aussi appelé *mer du Sud*, parce qu'on l'aperçut pour la première fois, en 1513, au *sud* de l'isthme de Panama, et par opposition à l'Atlantique, qu'on appelait alors tout entier mer du Nord.

Il s'étend entre l'Amérique, à l'est, et l'Asie, à l'ouest, et baigne dans la première la Russie américaine, la Nouvelle-Bretagne, les États-Unis, le Mexique, l'Amérique centrale, la Colombie, le Pérou, la Bolivie, le Chili, la Patagonie ; dans la seconde, la Sibérie, le Japon, l'empire Chinois, l'Indo-Chine. Il est aussi limité à l'ouest par une partie de l'Océanie, c'est-à-dire par les îles de la Sonde (Sumatra, Java, etc.), par l'Australie et par la Tasmanie. Il se confond au sud avec l'océan Glacial antarctique, vers le cercle polaire du sud. Extrêmement large dans sa partie méridionale, entre la Terre de Feu et la Tasmanie, il se rétrécit beaucoup vers le nord, entre la Sibérie et la Russie américaine, et communique de ce côté avec l'océan Glacial arctique par le détroit de Bering.

Ses côtes sont généralement élevées et taillées à pic, soit dans l'ancien, soit dans le nouveau continent; beaucoup plus sinueuses dans l'Asie qu'en Amérique, elles forment dans la première la *mer d'Okhotsk*, la *Manche de Tarrakaï*, qui s'allonge entre l'île Sakhalian et le continent, la *mer du Japon*, resserrée entre les îles de ce nom et la Chine; la *mer Bleue*, appelée aussi *mer de Corée* ou *mer Orientale*; enfin la *mer de Chine*, appelée *mer Méridionale* par les Chinois. Les détroits de *La Pérouse*, de *Sangar*, de *Corée*, de *Formose*, se trouvent aussi sur ses côtes d'Asie, et de ce côté le Grand océan communique avec l'océan Indien par le détroit de *Malacca*.

Il forme, au milieu des îles de la Malaisie, les *mers de Mindoro*, *des Moluques*, *de Célèbes* et *de Java*; au nord-est de l'Australie, il prend le nom de *mer de Corail;* il forme, au nord du même continent, le grand golfe de *Carpentarie* et le détroit de *Torres*.

Dans la partie la plus septentrionale, il produit la *mer de Bering*, qui est bordée au sud par la longue chaîne des îles Aléoutiennes. Enfin, sur les côtes de l'Amérique, il donne naissance à la longue et étroite *mer Vermeille*, qu'on appelle aussi golfe de *Californie* ou *mer de Cortez*, et aux golfes de *Panama*, de *Guayaquil* et de *Guaiteca*. Il communique avec l'Atlantique par le détroit de *Magellan*, resserré entre le continent américain et la Terre de Feu.

Le Grand océan renferme peu d'îles à l'est : on distingue seulement, près des côtes de l'Amérique, l'archipel du *Roi George III*, l'île de la *Reine Charlotte*, l'île *Quadra-et-Vancouver*, les îles *Revillagigedo*, les îles *Galapagos*, les îles *Juan-Fernandez*, l'île de *Chiloé*, les îles de la *Mère de Dieu*, et, sur la côte du Pérou, les îles *Lobos*, très-petites et fameuses par leur *guano*, sorte d'engrais très-recherché ; — mais, à l'ouest et au milieu, il est parsemé de nombreuses îles, les unes dépendantes de l'Asie, les autres comprises dans l'Océanie : telles sont les *Kouriles*, les îles du *Japon* (*Nifon*, *Kiousiou*, etc.), *Formose*, *Haï-nan*, les îles *Lieou-khieou*, en Asie ; — les *Philippines* (*Luçon*, *Mindanao*, *etc.*), *Bornéo*, *Célèbes*, les *Moluques*, dans la Malaisie ; — la *Nouvelle-Guinée*, l'archipel de la *Nouvelle-Bretagne*, les îles *Salomon*, les îles de *La Pérouse*, les *Nouvelles-Hébrides*, la *Nouvelle-Calédonie*, les îles *Viti*, la *Nouvelle-Zélande*, qui sont au nord et à l'est de l'Australie ; — ensuite les innombrables petites îles de la Micronésie et de la Polynésie, c'est-à-dire les îles *Magellan*, *Mariannes*, *Palos*, *Carolines*, *Anson*, *Mulgrave*, *Sandwich*, entre l'équateur et le tropique du Cancer; les îles *Samoa*, *Tonga*, *Taïti*, *Pomotou*, *Marquises*, entre l'équateur et le tropique du Capricorne; l'île de *Pâques*, les îles *Broughton*, les îles *Macquarie*, au sud de ce dernier tropique.

Le Grand océan reçoit peu de fleuves en Amérique : on ne remarque que la *Columbia* ou *Orégon* et le *Rio Colorado*, dans l'Amérique du nord. En Asie, au contraire, il a de nombreux et grands tributaires, tels que l'*Amour*, le fleuve *Jaune* ou *Hoang-ho*, le *Kiang* ou fleuve *Bleu*, le *May-kang* ou *Camboge*, le *Meïnam*.

Les ports principaux qui, en Amérique, se trouvent sur le Grand océan, sont : *San-Francisco*, dans la Californie

(États-Unis); *Mazatlan*, *Acapulco*, au Mexique; ***Realejo***, *San-Juan del sur*, dans l'Amérique centrale; ***Panama***, *San-Buenaventura*, *Guayaquil*, dans la Colombie; ***Callao*** (port de Lima), *Arica*, dans le Pérou; ***Cobija*** ou ***Lamar***, dans la Bolivie; *Coquimbo*, *Valparaiso*, ***La Conception***, *Valdivia*, *San-Carlos*, dans le Chili.

En Asie, les ports les plus remarquables de cet océan sont : *Saint-Pierre-et-Saint-Paul*, *Okhotsk*, dans la Sibérie; *Yédo*, *Osaka*, *Nagasaki*, au Japon; ***Nan-king***, (sur le Kiang), *Chang-haï*, *Ning-pho*, ***Hang-tcheou***, ***Fou-tcheou***, ***Émouy***, ***Canton***, *Victoria* (capitale de l'île ***Hong-kong***) et *Macao*, en Chine; ***Hué***, ***Saïgon***, ***Bangkok***, ***Singapour***, dans l'Indo-Chine.

En Océanie, on remarque surtout les ports suivants : *Manille*, dans l'île de Luçon; ***Batavia***, ***Sourabaya***, dans l'île de Java; *Rio*, dans l'île de Bintang; ***Macassar***, dans l'île de Célèbes; *Bornéo*, dans l'île du même nom; ***Amboine***, dans les Moluques; ***Sydney***, ***Port-Essington*** dans l'Australie; ***Papéiti***, dans l'île Taïti; ***Honoloulou***, dans les îles Sandwich; ***Wellington***, dans la Nouvelle-Zélande.

Les Européens ont acquis sur les côtes du Grand océan, ou sur les îles qu'il renferme, de nombreuses colonies : les Anglais ont ***Hong-kong***, ***Singapour*** et ***Labouan***, dans la mer de Chine, et ***Tchou-san***, dans la mer de Corée; les Portugais ont ***Macao***, dans la mer de Chine, et quelques établissements à ***Timor***; les Espagnols possèdent ***Manille*** et la plus grande partie des Philippines; les Hollandais, ***Batavia*** et toute l'île de ***Java***, ainsi que de grandes parties de ***Sumatra*** et des autres îles de la ***Sonde***, de ***Bornéo***, de ***Célèbes***, des ***Moluques*** et de la ***Nouvelle-Guinée***.

L'***Australie*** et la ***Tasmanie*** sont aux Anglais, qui ont fondé aussi une colonie à la ***Nouvelle-Zélande***. Les Français ont les îles ***Marquises***, et exercent un protectorat sur *Taïti* et sur les îles ***Gambier***, *Wallis* et ***Foutouna***. Les Russes enveloppent tout le nord du Grand océan de leurs possessions (***Sibérie***, ***îles Aléoutiennes***, ***Kouriles***, etc.). L'Angleterre possède sur les côtes nord-est, l'île ***Quadra-***

et-Vancouver, l'île de la *Reine Charlotte* et quelques terres voisines.

Il n'y a pas de mer plus remplie de récifs que le Grand océan; les écueils y sont généralement formés de coraux, amoncelés par d'innombrables petits zoophytes, et ils ont été la cause de bien des naufrages ; cependant cet océan est fréquenté par un grand nombres de navires européens, américains, chinois, malais, qu'y attirent le commerce, la pêche de la baleine, du cachalot, etc., les mines d'or de la Californie et de l'Australie ; on y a dirigé souvent aussi des explorations scientifiques. On s'y rend d'Europe, ou par le cap Horn, ou par le cap de Bonne-Espérance. En changeant de navire, on peut prendre des voies plus courtes que celles de ces deux caps : c'est d'abord celle de l'isthme de Suez, et ensuite celle de l'isthme de Panama, qu'un chemin de fer ne tardera pas à franchir, de Chagres à Panama; bientôt aussi sans doute on pourra passer par le lac de Nicaragua et le canal qui l'unira au Grand océan ; on veut établir une autre communication par l'isthme de Téhuantépec, au Mexique ; une autre par un canal qui, dans la Nouvelle-Grenade, joindrait l'Atrato, tributaire de la mer des Antilles, à l'un des petits tributaires du Grand océan ; et une dernière, enfin, encore à l'isthme de Panama, entre le port Escoces, sur la mer des Antilles, et le golfe de Saint-Michel, sur le Grand océan.

Southampton, en Angleterre, est le point central des lignes régulières de transport et de communication par bateaux à vapeur entre l'Europe et l'Australie. Il en part une ligne qui passe par l'isthme de Suez, à Aden, à Ceylan, à Singapour, où elle fait parvenir en quarante-trois ou quarante-quatre jours; on peut même y parvenir en quarante jours, si l'on traverse la France et qu'on s'embarque à Marseille au lieu de passer par le détroit de Gibraltar. La ligne, après Singapour, touche à Batavia, Swan-River, Adélaïde, Melbourne et Sydney. On peut avoir des nouvelles de cette dernière ville à Londres en soixante-cinq jours. — Une autre ligne passe par le cap de Bonne-Espérance et revient par le cap Horn. — Quand le chemin de fer de l'isthme de Panama sera terminé, le trajet s'exécutera de Southampton à Sydney en cinquante-cinq jours, en calculant une moyenne de vitesse de neuf nœuds à l'heure[1]. Par les bâtiments à voiles, on va du Havre ou de Liverpool à San-Francisco (Californie), par le cap Horn, en quatre mois.

Dans la partie équinoxiale, on franchit plus promptement le Grand océan de l'est à l'ouest que de l'ouest à l'est, à cause des courants et des vents qui s'y dirigent à l'ouest.

Océan Atlantique; forme générale du littoral; mers secondaires, etc. — L'océan Atlantique s'appelle ainsi à cause du mont Atlas, et ne portait d'abord ce nom que vers les côtes d'Afrique; on a fini par étendre cette dénomination à toute la vaste masse d'eau qui se trouve entre l'Europe et l'Afrique, à l'est, et l'Amérique, à l'ouest. Les cercles polaires arctique et antarctique sont considérés comme ses limites au nord et au sud.

C'est vers le milieu de son étendue, entre le renflement occidental de l'Afrique et l'avancement oriental de l'Amérique méridionale, que l'Atlantique est le plus étroit; il a en cet endroit 3600 kilomètres de largeur; sa plus grande largeur, entre le détroit de Gibraltar et la Floride, est à peu près le double. Son entrée au sud est marquée par le cap Horn et celui de Bonne-Espérance.

Il baigne en Europe la péninsule Scandinave, le Danemark, l'Allemagne, la Hollande, la Belgique, les îles Britanniques, la France, l'Espagne, le Portugal, et forme dans cette partie du monde de nombreuses sinuosités et de grands avancements, tels que la mer *Baltique*, le *Cattégat*, la mer du *Nord*, la *Manche*, la mer de *France* ou golfe de *Gascogne*, la mer d'*Irlande*, et les détroits nommés *Pas de Calais*, canal *Saint-George*, canal du *Nord*, etc. Cet océan fait pénétrer, entre l'Europe, l'Afri-

1. Voir, pour les nœuds et la vitesse des navires, le Cours de seconde, chap. III de la *Géographie industrielle et commerciale*.

que et l'Asie, la profonde mer *Méditerranée*. Il borde en Afrique le Maroc, le Sahara, les deux Guinées, où il forme le golfe de *Guinée*, et il y baigne aussi la Cimbebasie, la Hottentotie et la colonie du Cap.

Les côtes de l'Atlantique dans le nouveau continent sont très-sinueuses vers l'Amérique du nord, où il baigne la Nouvelle-Bretagne, les États-Unis, l'extrémité sud du Groenland, le Mexique et l'Amérique centrale, et elles sont très-uniformes dans l'Amérique du sud, où il baigne la Colombie, les Guyanes, le Brésil, l'Uruguay, la Plata et la Patagonie. Elles forment, en s'enfonçant dans la première, la mer d'*Hudson*, le détroit de *Davis*, le golfe *Saint-Laurent*, le golfe du *Mexique*, et elles produisent, entre les deux Amériques, la *mer des Antilles*.

Les côtes de cet océan sont généralement élevées dans l'ancien continent, et basses dans le nouveau.

Des îles très-nombreuses sont répandues dans les parties voisines de l'Europe : on y remarque surtout les îles *Britanniques*, les îles *Færœer*, les îles *Anglo-Normandes* (*Jersey*, *Guernesey*, *Aurigny*); les îles *Françaises de l'ouest* (*Ouessant*, *Belle-Ile*, *Noirmoutier*, *Hyères*, *Ré*, *Oléron*). — Les *Açores* sont à peu près aussi voisines de l'Europe que de l'Afrique.—De l'Afrique font partie les îles *Madère*, les *Canaries*, les îles du *Cap-Vert*, l'*Ascension*, *Fernan-do-Po*, l'île du *Prince*, *Saint-Thomas*, *Sainte-Hélène*, les îles *Tristan d'Acunha*, etc. Dans la partie la plus septentrionale de l'océan, est l'*Islande*, qu'on rattache aujourd'hui à l'Amérique, après l'avoir longtemps placée en Europe.

Près de la partie moyenne de l'Amérique, est le grand archipel des *Antilles*, formant une longue chaîne sinueuse depuis la Floride jusqu'à la Colombie; plus au nord, se rencontrent les *Bermudes*, *Terre-Neuve* et le banc du même nom, célèbre par la pêche de la morue ; l'île *Royale* ou de *Cap-Breton*, l'île *Saint-Jean* ou du *Prince-Édouard*. A l'est de l'Amérique méridionale, on voit peu d'îles : les seules remarquables sont les *Malouines*. Dans la partie moyenne, l'Atlantique est entièrement dépourvu d'îles ;

on y remarque, entre l'Afrique et l'Amérique équinoxiale, la *mer des Joncs* (en portugais *mar de Sargosso*), grand espace rempli d'algues, gigantesques plantes marines, qui embarrassent la marche des vaisseaux.

Les grands fleuves qui arrivent à l'Atlantique du côté de l'Europe (sans y comprendre la Baltique, la mer du Nord et la Méditerranée), sont la *Seine*, la *Loire*, la *Gironde*, le *Douro*, le *Tage*, la *Guadiana*, le *Guadalquivir*, le *Shannon*.

On remarque, du côté de l'Afrique, le *Sénégal*, la *Gambie*, le *Niger*, le *Zaïre*, la *Coanza*, l'*Orange*; — en Amérique, le *Saint-Laurent*, l'*Hudson*, la *Delaware*, la *Susquehanna*, le *Mississipi*, le *Rio Grande del Norte*, la *Madeleine*, l'*Orénoque*, l'*Essequebo*, le *Surinam*, l'*Amazone*, le *Tocantins*, le *Saint-François*, le *Rio de la Plata*.

Les ports principaux d'Europe sur l'Atlantique ou sur les fleuves ses tributaires (sans la Baltique, la mer du Nord et la Méditerranée) sont : dans les îles Britanniques, *Liverpool*, *Bristol*, *Falmouth*, *Plymouth*, *Southampton*, *Portsmouth*, *Brighton*, *Folkstone*, *Douvres*, *Greenock*, *Glasgow*, *Dublin*, *Belfast*, *Cork*, *Limerick*, *Galway*; — en Norvége, *Drontheim*; — en France, *Calais*, *Dieppe*, *Le Havre*, *Rouen*, *Cherbourg*, *Saint-Malo*, *Brest*, *Lorient*, *Nantes*, *La Rochelle*, *Rochefort*, *Bordeaux*, *Bayonne*; — en Espagne, *Saint-Sébastien*, *Bilbao*, *Le Ferrol*, *La Corogne*, *Cadix*, *Gibraltar* (à l'entrée de la Méditerranée); — dans le Portugal, *Oporto*, *Lisbonne*, *Sétuval*.

En Afrique, on remarque les ports de *Ceuta* (à l'entrée de la Méditerranée), de *Tanger*, de *Mogador*, de *Saint-Louis*, de *Gorée*, de *Freetown*, de *Cap-Corse*, de *Saint-Paul de Loanda*, de *Saint-Philippe de Benguela*, du *Cap*, de *Funchal* (Madère), de *Santa-Cruz* (Canaries), de *Jamestown* (Sainte-Hélène).

En Amérique, sont ceux de *Québec*, d'*Halifax*, dans la Nouvelle-Bretagne; — de *Boston*, de *New-York*, de *Brookkyn*, de *Philadelphie*, de *Baltimore*, de *Washington*, de *Charleston*, de *Savannah*, de *Pensacola*, de la *Nouvelle-Orléans*, de *Galveston*, dans les États-Unis; —

de *Tampico*, de *La Vera-Cruz*, de *Campêche*, dans le Mexique; — de *San-Juan del Norte* ou *Greytown*, dans l'Amérique centrale; — de *Chagres*, de *Carthagène*, de *Sainte-Marthe*, de *Maracaybo*, de *La Guayra* (port de Caracas), de *Cumana*, dans la Colombie; — de *Georgetown*, de *Paramaribo*, de *Cayenne*, dans les Guyanes; — de *Para*, de *Maranham*, de *Pernambouc*, de *Bahia*, de *Rio-de-Janeiro*, dans le Brésil; — de *Montevideo*, dans l'Uruguay; — de *Buenos-Ayres*, dans la Plata; — de *La Havane*, de *Santiago*, dans l'île de Cuba; — de *Port-au-Prince*, du *Cap-Français*, de *Santo-Domingo*, dans l'île d'Haïti; — de *Kingston*, à la Jamaïque; — de *Porto-Rico* (ou *San-Juan de Porto-Rico*), dans l'ile du même nom; — de *la Pointe-à-Pitre*, à la Guadeloupe; — de *Fort-de-France* et de *Saint-Pierre*, à la Martinique; — de *Saint-Thomas*, port franc de l'île du même nom.

Il n'y a pas d'océan plus fréquenté que celui-ci. L'immense commerce qui a lieu entre l'Europe et l'Amérique le fait parcourir dans tous les sens par de nombreux bâtiments. Il y a des services réguliers de paquebots transatlantiques entre Liverpool et Le Havre, d'une part, et New-York, de l'autre. La traversée la plus rapide est celle de *Liverpool* à *New-York*; les bâtiments à vapeur mettent de 12 à 14 jours pour aller, et un peu moins pour revenir, parce que les courants et les vents favorisent la navigation de l'ouest à l'est dans le nord de l'océan Atlantique. La traversée du *Havre* à *New-York* s'effectue en 15 ou 16 jours. Les bâtiments à voiles, pour lesquels il est difficile de dire la durée du trajet, à cause du caprice des vents, mettent en moyenne un temps presque double. Pour se rendre de l'Europe dans les parties équinoxiales d'Amérique, on descend vers la zone torride, où l'on trouve le *grand courant équinoxial* et les *vents alizés*, qui portent à l'ouest; on ne revient pas par la même route, mais on prend une direction plus au nord, où l'on rencontre des vents d'ouest fréquents et un courant favorable de l'ouest à l'est, connu sous le nom *Gulf stream* (courant du golfe). Ce courant est produit par le courant équinoxial, qui s'enfonce avec violence dans le golfe du *Mexique* et en contourne les côtes ; le mouvement des eaux sort du golfe par le Nouveau canal de Bahama, se porte au nord-est, jusque vers le banc de Terre-Neuve, et se dirige ensuite à l'est vers l'Europe, où il apporte une douce température.

Les points de l'Atlantique entre lesquels il existe les grandes lignes de navigation les plus suivies, après ceux de Liverpool, du Havre et de New-York, sont *Southampton*, *Cork*, *Bristol*, *Nantes*, *Bordeaux*, *Cadix*, *Gibraltar*, en Europe ; — *Halifax*, le banc de *Terre-Neuve*, la *Nouvelle-Orléans*, *La Havane*, *Saint-Thomas*, *La Vera-Cruz*, *Chagres*, *Pernambouc*, *Bahia*, *Rio-de-Janeiro*, *Montevideo*, *Buenos-Ayres*, en Amérique. Une extrême activité règne sur les petites lignes suivantes : de *Calais* à *Douvres*, de *Boulogne* à *Folkstone*, de *Dieppe* à *Brighton*, du *Havre* à *Southampton*.

C'est sur les bords de l'océan Atlantique que les Européens ont fondé, au XVIe et au XVIIe siècle, leurs plus grandes colonies : les Espagnols, puis les Portugais, les Français, les Anglais, ont créé en Amérique de vastes possessions, qui ont acquis presque toutes, au XVIIIe et au XIXe siècle, leur indépendance. Les Espagnols ont conservé *Cuba* et *Porto-Rico*, dans les Antilles ; — les Français ont encore une partie de la *Guyane*, la *Guadeloupe*, la *Martinique* et quelques autres *Antilles*, enfin *Saint-Pierre* et *Miquelon*, près de Terre-Neuve ; — les Anglais ont le *Canada*, la *Nouvelle-Écosse*, le *Nouveau-Brunswick*, *Terre-Neuve* et quelques îles voisines, les *Bermudes*, la *Jamaïque*, les *Lucayes*, *Sainte-Lucie*, *Saint-Vincent*, la *Barbade*, la *Trinité* et autres *Petites Antilles ;* enfin une partie de la *Guyane ;* — les Danois, qui furent les premiers explorateurs du nord de l'Amérique, y ont le *Groenland* et l'*Islande ;* ils possèdent aussi, dans les *Antilles*, *Saint-Thomas* et *Sainte-Croix ;* — les Hollandais ont quelques *Antilles*, comme *Saint-Eustache*, *Saba*, *Curaçao ;* et une portion de la *Guyane* leur appartient.

Les principales colonies européennes des côtes africaines de l'Atlantique sont celles de la France dans la *Sénégambie ;* de l'Angleterre dans le même pays, dans la *Guinée*, au *Cap* et dans quelques îles (*Fernan-do-Po*, *Sainte-Hélène*, *Tristan d'Acunha*); du Portugal dans la *Sénégambie*, dans la *Guinée inférieure*, aux *Açores*, aux îles *Madère*, aux îles du *Cap-Vert*, aux îles *Saint-Thomas* et du *Prince ;* de l'Espagne aux *Canaries* et à *Ceuta*.

Océan Indien. — L'océan Indien, qu'on appelle aussi *mer des Indes*, s'ouvre au sud de l'Asie, à l'est de l'Afrique et à l'ouest de l'Océanie, et s'étend vers le sud jusqu'au cercle polaire antarctique. Il est plus large au sud qu'au nord, où il s'enfonce sur les côtes d'Asie sous les noms de golfe du *Bengale*, de mer d'*Oman*, de golfe *Persique*, et entre l'Asie et l'Afrique sous le nom de mer *Rouge*. Il forme à l'ouest, entre l'Afrique et l'île de Madagascar, le large canal de *Mozambique*. Il communique à l'est avec la mer de Chine par le détroit de *Malacca*, et avec la mer de Java par le détroit de la *Sonde*. Le détroit d'*Ormus* est l'entrée du golfe Persique, et le détroit de *Bab-el-Mandeb* est celle de la mer Rouge.

Les pays d'Asie baignés par l'océan Indien sont les deux presqu'îles des Indes, le Béloutchistan, la Perse et l'Arabie. En Afrique, il baigne, par la mer Rouge, l'Égypte, la Nubie, l'Abyssinie ; ensuite il borde le Somâl, le Zanguebar, le Mozambique, la colonie du Cap. Dans l'Océanie, il est limité par Sumatra, Java et les autres îles de la Sonde, enfin par l'Australie et la Tasmanie. Cette dernière contrée et le cap de Bonne-Espérance marquent la large entrée méridionale de cet océan.

Un assez grand nombre d'îles y sont répandues au nord : on y remarque *Ceylan*, les îles *Andaman* et *Nicobar*, l'archipel *Merghi*, *Djonkseylon ou Sélenga*, *Poulo-Pinang* ou l'île du *Prince de Galles*, les *Maldives*, les *Laquedives*. — A l'ouest, on trouve *Madagascar*, les *Mascareignes*, dont les principales sont *la Réunion* ou *Bourbon* et *Maurice;* les *Comores*, les *Seychelles*, ***Zanzibar***, ***Socotora;*** — au sud, quelques rares îles inhabitées, comme la *Terre de **Kerguelen***, la ***Terre d'Enderby***, les îles ***Amsterdam*** et ***Saint-Paul***.

Il reçoit de l'Asie plusieurs fleuves considérables : le *Salouen*, l'***Ava***, le ***Brahmapoutre***, le *Gange*, le ***Godavéry***, *l'Indus*, le ***Chot-el-Arab***, formé par le ***Tigre*** et l'***Euphrate;*** — de l'Afrique, le ***Djob***, le ***Loffih***, le ***Luvuma***, le *Zambèze*; — de l'Australie, le *Murray*.

Les ports principaux des côtes de cet océan sont : dans les Indes, ***Calcutta***, ***Mazulipatam***, ***Madras***, ***Pondichéry***, ***Cochin***, ***Calicut***, ***Goa***, ***Bombay***, ***Surate***, ***Cambay;*** ***Colombo***, ***Pointe-de-Galles*** et ***Trinquemale***, à Ceylan, ***Rangoun***, ***Georgetown*** (dans l'île du Prince de Galles); — dans la Perse, ***Aboucher;*** — en Arabie, ***Mascate***, ***Aden***, ***Moka***, ***Djeddah*** (port de La Mecque); — en Afrique, ***Suez***, ***Souakem***, ***Zeïlah***, ***Zanzibar***, ***Mozambique***, ***Port-Natal***, ***Port-Louis*** ou ***Port-Nord-Ouest*** (dans l'île Maurice); ***Saint-Denis*** (dans l'île de la Réunion); — en Océanie, ***Achem***, ***Padang***, ***Bencoulen*** (à Sumatra); ***Swan-River***, ***Adélaïde***, ***Melbourne*** ou ***Port-Philipp*** (dans l'Australie).

La colonie anglaise des *Indes*, qui se déploie sur la côte nord de cet océan, est la plus considérable des colonies européennes actuelles; les Anglais ont encore sur l'océan Indien ***Aden***, dans l'Arabie; l'île ***Maurice***, ***Rodrigue***, les ***Seychelles***, en Afrique; les côtes occidentales et méridionales de l'Australie et la côte occidentale de la Tasmanie.—Les Français ont ***Pondichéry***, ***Karikal***, ***Mahé***, ***Chandernagor***, dans l'Hindoustan; l'île de la ***Réunion*** ou ***Bourbon***, l'île ***Mayotte*** et quelques autres îles moins remarquables, vers les côtes d'Afrique. — Les Portugais, autrefois puissants dans l'Inde, y ont conservé le territoire de ***Goa***, l'île ***Diu*** et quelques autres places peu importantes. Ils possèdent aussi le ***Mozambique***, en Afrique. — Les Hollandais ont, sur l'océan Indien, ***Padang***, ***Bencoulen***, en général les côtes occidentales et méridionales de Sumatra, de Java et des autres îles de la Sonde.

Les riches productions des belles contrées qui bordent cet océan y attirent les vaisseaux de l'Europe depuis la découverte du cap de Bonne-Espérance à la fin du xve siècle. C'est avec Bombay et Calcutta qu'ont lieu les plus actives communications de l'Europe. Les navires chargés de marchandises lourdes doublent l'extrémité sud de l'Afrique ; mais les voyageurs pressés et les lettres prennent généralement la voie beaucoup plus courte de la Méditerranée, de l'isthme de Suez et de la mer Rouge, ou celle de la Syrie, de l'Euphrate et du golfe Persique. On peut par ces dernières routes avoir des nouvelles de Bombay à Londres en moins d'un mois. C'est par Marseille, à travers la France, que la malle de l'Inde arrive en Angleterre. Par le cap de Bonne-Espérance, on se rend d'Angleterre à Calcutta en quatre mois environ. — Pour naviguer dans l'océan Indien, les marins doivent bien connaître les *moussons* (mot tiré de l'arabe et signifiant *saisons*) : ce sont des vents périodiques de six mois, qu'on distingue en *mousson du printemps* et *mousson d'automne*. Dans l'hémisphère nord, la mousson dite du *printemps*, commence en avril, et la mousson d'*automne* en octobre. Dans l'hémisphère sud, c'est la mousson dite d'*automne* qui commence en avril, et la mousson du *printemps* qui commence en octobre. Sur les côtes de l'Asie, la mousson du printemps est sud-ouest, et la mousson d'automne nord-est. Entre Sumatra et l'Australie, c'est-à-dire au sud de l'équateur, la mousson du printemps vient du nord-est, et celle d'automne du sud-est. En général, la mousson est toujours dirigée vers l'hémisphère sur lequel le soleil se trouve. Le changement d'une mousson à l'autre est accompagné de grandes tempêtes et de pluies abondantes. Sur les côtes de l'Inde, la mousson du nord-est est la meilleure saison pour la navigation.

Océans Glacials.—L'*océan Glacial arctique* comprend toute la masse d'eau placée au nord du cercle polaire arctique, et il baigne les côtes septentrionales de l'Europe, de l'Asie et de l'Amérique. Il forme dans les deux premières de ces parties du monde la mer *Blanche*, la mer de *Kara*, les golfes de l'*Obi* et de l'*Iéniséi;* dans la dernière, il comprend la mer *Polaire*, la mer de *Baffin*, les détroits de *Lancastre*, de *Barrow*, de *Melville*, de *Wellington*, et il y est embarrassé d'un grand nombre d'îles et de presqu'îles, telles que les deux terres de *Melville*, la *Boothia*, le *Devon septentrional*, le *Somerset septentrional*, l'île *Baring*, l'île *Cockburn*, la *Géorgie septentrionale*, le *Groenland;* à l'est de ce dernier, il renferme le *Spitzberg*, l'île *Cherry*, l'île *Jean-Mayen;* en Europe, on y remarque les îles *Lofoden*, celles de *Kalgouef* et de *Vaïgatch*, la *Nouvelle-Zemble;* en Asie, l'archipel *Liakhov*. Des masses de glace ont empêché jusqu'ici de connaître les parties les plus boréales de l'océan Glacial arctique au delà de quatre-vingts degrés de latitude. C'est dans la direction du Spitzberg qu'on est allé le plus avant; là, les glaces fixes forment la baie des *Baleiniers*, fréquentée pour la pêche de la baleine.

L'*océan Glacial antarctique*, qui comprend toute la mer située au sud du cercle polaire antarctique, est encore moins connu et plus encombré de glaces que l'océan Glacial arctique. Les glaces fixes s'y rencontrent dès le soixante-dixième degré de latitude. Il ne s'y présente que des terres couvertes de neige et inhabitables, comme les *Terres Sabrina*, *Clarie*, *Adélie*, *Baleny*, situées vers le cercle polaire, et la *Terre Victoria*, vers soixante-douze degrés de latitude. On suppose que ces terres font partie d'un *continent antarctique*, qui envelopperait le pôle austral.

CHAPITRE XI.

SUITE DE LA DESCRIPTION SOMMAIRE DES MERS.

Mer Méditerranée et principales mers européennes.

Mer Méditerranée et mer Noire. — La Méditerranée, qui tire son nom de sa position au *milieu des terres*, est un profond épanchement de l'océan Atlantique dans la partie occidentale de l'ancien monde, entre l'Europe, au nord, l'Afrique, au sud, et l'Asie, à l'est. Les pays qu'elle baigne en Europe sont, en allant de l'ouest à l'est, l'Espagne, la France, l'Italie, la Grèce, la Turquie ; en Asie, encore la Turquie, et particulièrent l'Asie Mineure et la Syrie ; en Afrique, l'Égypte et la Barbarie, c'est-à-dire les territoires de Tripoli, de Tunis, de l'Algérie et du Maroc. L'Angleterre a sur la Méditerranée quelques possessions importantes : Gibraltar, à l'entrée de la mer vers l'Atlantique ; l'île de Malte, au milieu ; les îles Ioniennes, à l'est.

C'est entre le Maroc et l'Espagne que la Méditerranée communique avec l'Atlantique par le détroit de *Gibraltar*, où les anciens plaçaient les Colonnes d'Hercule.

Plusieurs parties de cette mer s'enfoncent profondément dans les terres au nord et au nord-est, et forment autant de mers distinctes : la mer *Tyrrhénienne*, la mer *Ionienne*, la mer *Adriatique*, qui pénètrent en Europe ; l'*Archipel*, la mer de *Marmara* et la mer *Noire*, qui s'avancent entre l'Europe et l'Asie. Sans la mer Noire, qui est la plus isolée de toutes ces mers, la Méditerranée a 3500 kilomètres de l'ouest à l'est. Elle se rétrécit d'une manière remarquable vers le milieu de son étendue, entre la Sicile et la côte de Tunis ; elle n'a là que 140 kilomètres.

La côte méridionale est bien moins irrégulière que celle du nord, et n'offre que le large enfoncement désigné par les anciens sous les noms de *Grande* et *Petite Syrte*, et appelé aujourd'hui, à l'est, golfe de la *Sidre*, et à l'ouest golfe de *Cabès*.

Il faut encore remarquer dans la Méditerranée, du côté de l'Europe, les golfes du *Lion*, de *Gènes*, de *Tarente*, de *Lépante*, et les détroits de *Messine* et d'*Otrante*. Les détroits des *Dardanelles* et de *Constantinople*, qui sont à l'entrée et à la sortie de la mer de Marmara, conduisent de la Méditerranée proprement dite à la mer Noire.

Des îles nombreuses et importantes sont répandues dans cette mer, surtout près des côtes d'Europe et d'Asie : dans la partie occidentale, on voit les *Baléares*, les îles d'*Hyères*, la *Corse*, la *Sardaigne*; au milieu, l'île d'*Elbe*, la *Sicile*, les îles *Lipari*, *Malte*; dans la partie orientale, les îles *Ioniennes*, *Candie* (l'ancienne Crète), *Chypre*, et les îles nombreuses de l'Archipel, c'est-à-dire *Nègrepont*, les *Cyclades*, les *Sporades* (*Rhodes*, *Co*, etc.), *Samo*, *Khio*, *Mételin*. On ne remarque sur les côtes d'Afrique que les îles *Kerkenna* et l'île *Zerbi*.

Les fleuves tributaires de la Méditerranée (sans la mer Noire) sont le *Jucar*, l'*Èbre*, le *Rhône*, l'*Arno*, le *Tibre*, le *Pô*, l'*Adige*, la *Maritza*, en Europe; — l'*Oronte*, en Asie; — le *Nil*, la *Medjerda*, le *Chélif*, la *Malouia*, en Afrique.

Il y a dans la Méditerranée des espèces de moussons que les anciens désignaient sous le nom de vents *étésiens* : en général, il y souffle, en été, un vent du nord; en hiver, un vent du sud. On nomme particulièrement *sirocco*, en Italie, et *solano*, en Espagne, des vents du sud qui apportent une chaleur suffocante. Sur les côtes sud-est de la Méditerranée, on éprouve, au printemps, le *khamsyn* (c'est-à-dire vent de *cinquante* jours), vent du midi étouffant et accompagné d'une poussière embrasée; en été, quelquefois, il y vient de l'Afrique et de l'Arabie le *simoum* (c'est-à-dire vent *vénéneux*), qui est également brûlant et redoutable.

Les ports principaux qui bordent la Méditerranée ou ses diverses mers sont : sur la côte continentale de France, *Marseille*, *Toulon*, *Cette*, *Agde*, *Port-Vendres*; — sur celle d'Espagne, *Barcelone*, *Tarragone*, *Alicante*, *Carthagène*, *Almeria*, *Malaga* , *Gibraltar* ; — dans les îles Baléares, *Palma*, *Port-Mahon* ; — dans la péninsule Italique, *Nice*, *Gènes*, *Livourne*, *Civita-Vecchia*, *Naples*, *Ancône*, *Venise*; — dans la Sicile, *Palerme*, *Messine*, *Catane*, *Syracuse* ; — dans la Corse, *Ajaccio*, *Bastia* ; — en Sardaigne, *Cagliari*; — dans l'île de Malte, *La Valette* ; — dans l'Illyrie et la Dalmatie, *Trieste*, *Zara*, *Raguse* ; — dans les îles Ioniennes, *Corfou*; — dans la Grèce et ses îles, *Athènes*, *Hermopolis*, *Patras*, *Nauplie* ; — dans la Turquie d'Europe, *Constantinople*, *Salonique*, *Gallipoli*; — dans la Turquie d'Asie, *Smyrne* , *Tripoli d'Orient*, *Beyrouth* , *Acre*, *Jaffa* ; — en Egypte, *Damiette* , *Rosette*, *Alexandrie*; — dans la Barbarie, *Tripoli d'Occident*, *Tunis*, *Bone*, *Philippeville*, *Alger*, *Oran*, *Ceuta*, située vis-à-vis de Gibraltar, sur la limite de l'Atlantique. La navigation est plus dangereuse sur les côtes d'Afrique que sur celles d'Europe et d'Asie; il y a moins de bons ports, et surtout des écueils nombreux rendent difficiles les abords des golfes de Cabès et de la Sidre. Le mistral est un vent impétueux qui vient du nord-ouest, et se fait sentir particulièrement dans les golfes du Lion et de Gènes. Le phénomène des marées, si remarquable dans l'océan, est presque insensible dans la Méditerranée.

Cette mer a été pour ainsi dire le berceau de la civilisation antique et le lien des premières nations commerçantes; c'est encore aujourd'hui, avec l'Atlantique, la mer la plus fréquentée. Marseille est mise en rapport par une ligne régulière de paquebots à vapeur avec Livourne, Naples, Malte, Smyrne, Constantinople, etc.; la traversée de cette ville à Constantinople se fait ordinairement en huit ou dix jours. Celle de Marseille à Alger se fait en quarante-deux heures.

La mer Noire, anciennement *Pont-Euxin*, est comme un lac immense, qui s'allonge de l'est à l'ouest, et dont la forme serait ovale si la presqu'île de Crimée et le renflement septentrional de l'Asie Mineure n'en rétrécissaient considérablement la largeur vers le milieu. Elle baigne, au nord et à l'est, des provinces russes ; au sud et à l'ouest, des provinces turques. Son nom paraît venir des brouillards épais qui la couvrent en hiver, ou des forêts sombres de ses rivages ; elle forme, au nord, un avancement considérable, la mer d'*Azov* (l'ancienne Méotide), avec laquelle elle communique par le détroit d'*Énikalé* (Bosphore Cimmérien) ; elle est jointe, au sud-ouest, à la mer de Marmara par le canal de *Constantinople* (Bosphore de Thrace). Presque partout les bords de cette mer sont très-élevés, excepté au nord. Elle est très-profonde et ne renferme presque aucune île. Les fleuves principaux qui viennent s'y jeter sont, en Europe, le *Danube*, le *Dniestr*, le *Dniepr*, le *Don* (tributaire de la mer d'Azov), le *Kouban* ; en Asie, le *Rioni* ou *Phase*, le *Kizil-Ermak*, le *Sakaria*. Les ports les plus importants qui se rencontrent autour de ses côtes sont *Odessa*, *Otchakov*, *Kherson*, *Nicolaev*, *Sévastopol*, *Kéfa*, *Taganrog* (sur la mer d'Azov), dans la Russie européenne ; *Varna*, *Bourgas*, *Galatz* (sur le Danube), dans la Turquie d'Europe ; *Sinope* et *Trébizonde*, dans la Turquie d'Asie.

On va de Sévastopol ou d'Odessa à Constantinople en 3 ou 4 jours. Le vent le plus terrible que les navigateurs aient à redouter dans la mer Noire est le *bora*, qui se fait particulièrement sentir sur les côtes orientales. La meilleure saison pour y naviguer est du mois d'avril au mois de septembre.

Mer du Nord. — La mer du Nord, qu'on appelle aussi *mer d'Allemagne*, s'étend entre les îles Britanniques, à l'ouest et au nord-ouest, le Danemark et la péninsule Scandinave, à l'est, l'Allemagne, la Hollande, la Belgique et la France, au sud. Elle communique avec la Manche, au sud-ouest, par le *Pas de Calais*, et, vers l'est, par le *Skager-Rack*, avec le *Cattégat*, qui se joint lui-même à la Baltique. Le plus grand de ses golfes est le *Zuider-zee*, en Hollande. Ses côtes, surtout au sud, sont généralement basses et remarquables par les grandes inondations qui s'y sont souvent produites. Elle reçoit des fleuves considérables, dont plusieurs ont de larges estuaires, comme l'*Elbe*, le *Weser*, la *Meuse*, l'*Escaut*, la *Tamise*, l'*Humber*, le *Forth*, le *Tay;* cependant le plus grand de ses tributaires, le *Rhin*, n'a que des bouches peu considérables, distribuées en un grand nombre de branches.

Le plus commerçant de tous les ports du monde, *Londres*, est vers cette mer, sur la Tamise, dans la Grande-Bretagne, où l'on trouve aussi *Woolwich*, *Chatham*, *Douvres* (sur la limite de la Manche), *Yarmouth*, *Hull*, *Sunderland*, *Newcastle*, *Leith* (port d'Édinbourg), *Dundee*, *Aberdeen*. — On remarque ensuite, en Allemagne, le port très-important de *Hambourg*, sur l'Elbe, et celui de *Brème*, sur le Weser; — en Danemark, *Altona*, sur l'Elbe; — en Hollande, *Amsterdam*, *Saardam*, *Rotterdam*, *Flessingue;* — en Belgique, *Anvers* et *Ostende;* — en France, *Dunkerque*, *Calais* (sur la limite de la Manche); — en Norvége, *Christiania*, *Christiansand*, *Stavanger*, *Bergen;* — en Suède, *Gothembourg*, sur le Cattégat.

Les principales lignes de communication qui croisent la mer du Nord sont celles de Londres à Amsterdam, en 36 heures; à Rotterdam, en 24 heures; à Ostende et Dunkerque, en 12 ou 14 heures; à Édinbourg, en 40 heures; à Hambourg, en 60 heures.

Il y a très-peu d'îles dans l'intérieur de la mer du Nord : on remarque seulement les îles de la *Zélande*, celle de *Texel*, dans les Pays-Bas, et *Heligoland* ou *Helgoland*, qui appartient à l'Angleterre, en face de l'embouchure de l'Elbe.

Mer Baltique. — Cette mer, que les Allemands appellent *mer Orientale*, est une sorte de Méditerranée qui s'enfonce dans les terres du nord de l'Europe, entre la péninsule Scandinave, le Danemark, l'Allemagne, la Prusse et la Russie. Elle s'allonge du nord au sud, en formant à son extrémité septentrionale le golfe de *Botnie;* elle produit à l'est le long golfe de *Finlande* et le golfe de *Riga* ou de *Livonie*. Les côtes méridionales en sont basses et bordées de plusieurs grandes lagunes, dont les principales sont le *Pommersche-haff*, le *Frische-haff* et le *Curische-haff;* ailleurs, elles ont des aspects divers ; mais partout elles se font remarquer par leurs nombreuses petites échancrures et leurs innombrables îles et îlots. On distingue au nord les îles d'*Aland* et d'*Abo;* à l'est, les îles de *Dago* et d'*OEsel;* au milieu, celle de *Gottland;* au sud, *Rügen;* au sud-ouest, *OEland*, *Bornholm;* et, à l'entrée de la mer, *Seeland*, *Fionie*, *Langeland*, *Laaland*, *Falster* et autres îles *Danoises*. C'est vers ces dernières que la Baltique communique avec le *Cattégat*, et, par suite, avec la mer du Nord, au moyen des détroits du *Sund*, du *Grand-Belt* et du *Petit-Belt*. Le premier est le plus fréquenté, et le Danemark y fait payer un droit aux navires très-nombreux qui y passent. Cependant le grand canal de Gotha, creusé à travers la Suède entre les lacs Vener et Vetter, établit, pour les bâtiments suédois, entre la Baltique et le Cattégat, une communication qui fait éviter le passage du Sund.

Les fleuves tributaires de cette mer sont : le *Dal-elf*, le *Luleä*, en Suède; le *Torneä*, sur la frontière de la Russie et de la Suède; la *Néva*, la *Dvina méridionale*, en Russie; le *Niémen*, la *Vistule*, l'*Oder*, dont les embouchures sont en Prusse.

La navigation de la Baltique est interrompue par les glaces pendant quelques mois, vers le nord surtout, où le golfe de Botnie est gelé souvent tout entier au point d'être franchi facilement par des chariots pesants. La navigation ne commence qu'en juin dans ce golfe; elle commence en mai dans celui de Finlande, et, dans le reste de la mer, elle n'est favorable que d'avril en septembre. Les bras de mer qui donnent accès dans la Baltique sont dangereux par leurs courants et leurs bas-fonds.

Saint-Pétersbourg, au fond du golfe de Finlande, est le port principal de cette mer; c'est par là que la Russie reçoit l'influence de la civilisation de l'Europe occidentale ; les autres ports russes les plus remarquables des bords de la Baltique sont *Cronstadt*, *Rével*, *Riga*, *Hel-*

singfors, *Abo*; — ceux de la Prusse sont *Memel*, *Pillau*, *Dantzick*, *Stettin*, *Stralsund*. — On remarque encore les ports allemands de *Rostock* et de *Lübeck*; — les ports danois de *Copenhague* et d'*Elseneur*, sur le Sund, et de *Kiel*, sur un petit golfe du même nom; — en Suède, *Stockholm*, *Gefle*, *Calmar*.

Saint-Pétersbourg communique avec Lübeck ou Copenhague en 4 ou 5 jours; avec *Londres* ou *le Havre*, en 7 ou 8 jours.

FIN.

TABLE DES MATIÈRES.

(Cette table est la reproduction textuelle du programme officiel, et présente la correspondance entre ce programme et les chapitres de l'ouvrage.)

CLASSE DE TROISIÈME.

OBJET DU COURS. — GRANDES DIVISIONS DU GLOBE.

FIN DE LA TABLE DES MATIÈRES.

Imprimerie de Ch. Lahure (ancienne maison Crapelet)
rue de Vaugirard, 9, près de l'Odéon.

Librairie de L. HACHETTE et Cie, rue Pierre-Sarrazin, n° 14.

COURS COMPLET D'HISTOIRE ET DE GÉOGRAPHIE

RÉDIGÉ

conformément aux programmes d'enseignement des lycées,

Par MM. **DURUY**, professeur d'histoire au lycée Saint-Louis; **GUILLEMIN**, recteur de l'académie d'Ille-et-Vilaine; **BELIN DE LAUNAY**, professeur d'histoire au lycée de Bourges; **CORTAMBERT**, professeur de géographie, etc.

CLASSES DE HUITIÈME ET DE SEPTIÈME.

Histoire sainte d'après la Bible, par M. Duruy; autorisée par le Conseil de l'instruction publique. 1 vol in-12. Prix, cartonné......... 2 fr. 75 c.

Abrégé de l'histoire sainte; par le même auteur. 2e édition, approuvée par Mgr l'évêque de Versailles et autorisée par le Conseil de l'instruction publique. 1 vol. in-18. Prix, cart........................ 75 c.

CLASSE DE SIXIÈME.

Notions générales d'histoire et de géographie anciennes, servant d'introduction à l'histoire de France, et **Histoire des Gaulois et des Francs** jusqu'à la fin de la première race; par M. Duruy. Nouvelle édition revue et augmentée de cartes géographiques. In-12..... 3 fr. 50 c.

CLASSE DE CINQUIÈME.

Histoire de France (Abrégé de l'), depuis l'avénement de la seconde race jusqu'à François Ier avec les notions correspondantes de géographie, par M. Duruy. Nouvelle édition revue et augmentée de cartes géographiques. In-12.. 3 fr. 50 c.

Géographie physique de la France (Abrégé de la), par M. Belin de Launay; 2e édition, avec une carte de la France géologique. In-12.. 1 fr.

CLASSE DE QUATRIÈME.

Histoire de France (Abrégé de l'), depuis l'avénement de François Ier jusqu'en 1815, avec les notions correspondantes de géographie; par M. Duruy. Nouvelle édition revue avec le plus grand soin et augmentée de cartes géographiques. 1 vol in-12. Prix, cartonné..................... 3 fr. 50 c.

Géographie administrative de la France (Abrégé de la), par M. Belin de Launay; 2e édition, revue et corrigée. 1 vol. in-12, cartonné... 1 fr.

CLASSE DE TROISIÈME.

Histoire ancienne (Abrégé de l'), contenant l'histoire universelle depuis l'origine du monde jusqu'à la chute de l'empire d'Occident, et les notions correspondantes de géographie. Ouvrage extrait des *Histoires ancienne, grecque* et *romaine* de MM. Guillemin et Duruy. Nouvelle édition revue et augmentée de cartes géographiques. In-12, cart................ 3 fr. 50 c.

Géographie physique et politique (Abrégé de), contenant des notions générales sur la géographie et sur les grandes divisions du globe; par M. E. Cortambert; 3e édition. 1 vol. in-12. Prix, cart................ 1 fr.

CLASSE DE SECONDE.

Histoire du moyen âge (Abrégé de l'), depuis la chute de l'empire d'Occident jusqu'au milieu du XVe siècle, avec les notions correspondantes de géographie. par un professeur d'histoire. 1 vol. in-12, cart..... 3 fr. 50 c.

Géographie physique et politique des États européens (*la France exceptée*); par M. Cortambert; 3e édition. 1 vol. in-12, cart. 1 fr. 50 c.

CLASSE DE RHÉTORIQUE.

Histoire des temps modernes (Abrégé de l'), depuis le milieu du XVe siècle jusqu'aux traités de 1815, avec les notions correspondantes de géographie. Ouvrage rédigé sous la direction de M. Duruy. 1 volume in-12. Prix, cartonné.. 3 fr. 50 c.

Géographie physique et politique de la France (Abrégé de), par M. Cortambert. 2e édition, revue et augmentée. In-12, cart..... 1 fr. 50 c.

Imprimerie de Ch. Lahure (ancienne maison Crapelet)
rue de Vaugirard, 9, près de l'Odéon.

www.ingramcontent.com/pod-product-compliance
Lightning Source LLC
LaVergne TN
LVHW020026170826
845678LV00001B/140

* 9 7 8 2 3 2 9 7 5 4 5 4 3 *